珍藏本

纪念版

汉译世界学术名著丛书

司法过程的性质

〔美〕本杰明·卡多佐 著

苏力 译

商务印书馆
SINCE 1897 The Commercial Press

2017年·北京

Benjamin N. Cardozo

THE NATURE OF THE JUDICIAL PROCESS

根据耶鲁大学出版社 1921 年英文版翻译

汉译世界学术名著丛书
（120年纪念版·珍藏本）
出版说明

2017年2月11日，商务印书馆迎来120岁的生日。120年前，商务印书馆前贤怀揣文化救国的理想，抱持“昌明教育，开启民智”的使命，立足本土，放眼寰宇，以出版为津梁，沟通中西，为中国、为世界提供最富智慧的思想文化成果。无论世事白云苍狗，潮流左右激荡，甚至战火硝烟弥漫，始终践行学术报国之志，无改初心。

迻译世界各国学术名著，即其一端。早在20世纪初年便出版《原富》《天演论》等影响至今的代表性著作，1950年代后更致力于外国哲学和社会科学经典的译介，及至1980年代，辑为“汉译世界学术名著丛书”，汇涓为流，蔚为大观。丛书自1981年开始出版，历时三十余年，迄今已推出七百种，是我国现代出版史上规模最大、最为重要的学术翻译工程。

丛书所选之书，立场观点不囿于一派，学科领域不限于一门，皆为文明开启以来，各时代、各国家、各民族的思想与文化精粹，代表着人类已经到达过的精神境界。丛书系统译介世界学术经典，引领时代思想，为本土原创学术的发展提供丰富的文化滋养，为推动中国现代学术和现代化进程做出了突出的贡献。

为纪念商务印书馆成立120周年，我们整体推出"汉译世界学术名著丛书"120年纪念版的珍藏本，寄望既利于文化积累，又便于研读查考，同时向长期支持丛书出版的译者、编者和读者致以敬意。

两甲子后的今天，商务印书馆又站在了一个新的历史时间节点上。我们不仅要铭记先辈的身影和足迹，更须让我们的步伐充满新的时代精神。这是商务人代代相传的事业，更是与国家和民族的命运始终紧密相连的事业。我们责无旁贷，必须做好我们这代人的传承与创造，让我们的努力和成果不仅凝聚成民族文化的记忆，还能成为后来人可以接续的事业。唯此，才能不负前贤，无愧来者。

商务印书馆编辑部

2017年10月

译者前言

本杰明·内森·卡多佐是美国历史上最有影响的法律家和法学理论家之一。1870年5月24日，他出生于纽约市的一个犹太人家庭。19岁时，以优异成绩毕业于哥伦比亚大学，专业是文学和哲学，接着进入耶鲁法学院，两年后（未毕业）就离校，获律师资格并在纽约开业。然而，他的满身“书生气”使他很不适宜从事这种“如果想正直就无能为力”的行当，但是，法官却常常从他的辩论中感到他的论点的说服力。1913年，尽管他对政治并不感兴趣，并很少为圈外人知晓，却作为独立的改革派候选人当选为纽约最高法院的法官，次年成为纽约上诉法院法官，1926年他又被提名和选举为该法院的首席法官。在他任职纽约期间，由于他出色的司法意见，对全国各州法院司法都有很大影响，纽约州法院因此是最受各州尊重的法院。他因此也被称为“英语世界有史以来最伟大的上诉法院法官之一”。1932年，著名的法学家霍姆斯大法官从联邦最高法院退休，尽管卡多佐并没有寻求提名，但全国法律界——从联邦最高法院的大法官，包括霍姆斯本人，直至普通律师——几乎一致要求胡佛总统提名卡多佐继任联邦最高法院大法官。由于当时联邦最高法院内已经有两位来自纽约州的大法官和一位犹太裔法官，依据法庭构成人员多样化的惯例，胡佛总统对是否提名卡多佐出任大法官一事颇为迟疑。只是当时在任的大法官、后来又继任首席大法官的来自纽约州的斯通情愿自己辞职而为卡多佐让路，胡佛才决心任命卡多佐接替霍姆斯的职务。在任职联邦最高法院大法官的年间，卡多佐支持了罗斯福的“新政”立法，促使了美国宪法以及美国社会经济制度的变革。卡多佐终生未婚，朋友也很少，他长期与其未婚的姐姐生活在一起。因此，一些学者称卡多佐为“隐士哲学家”。1938 年 7 月 9 日，卡多佐去世。

卡多佐生活的年代是美国工业化、城市化高速发展的社会转型期，由于社会变化，先前在农业社会中演化形成的、主要是回应农业社会问题的普通法显然不能满足变化了的社会需要。法律需要变革，但在普通法国家中，立法机关习惯不干预属于普通法管辖的领域，这些领域主要是通过司法过程由法官“发现”法律来完成法律的演化发展，然而，严格的遵循先例原则一般又禁止法官明目张胆地“立法”，因为在近代的政治理论中法官被理解为法律的执行者而不是法律的制定者。尽管如此，由于时代的要求，由于普通法判例制度中为不可避免的司法创造性活动留下了制度空间，由于卡多佐本人对社会需求、公共政策以及普通法的深刻理解以及他的司法智慧和天才，使得他在长期担任纽约州法官期间，以其创造性的司法审判，促使普通法更多地同社会的公共政策相结合，并进而通过一系列著作使法律理论现代化。因此，后来美国的许多法学家都认为，由于卡多佐的长期普通法司法实践，在其任职期间“静悄悄地”完成了普通法的革命。例如，在著名的“麦克弗森诉别克汽车公司”(1916)一案中，卡多佐提出了一个后来为普通法普遍采用、并影响了现代各国产品责任法或消费者权益保护法的原则，即产品制造商和购买产品的个人之间存在一种隐含的安全保证，即使其间有居间的零售商；因此，在加以适当注意后，如果消费者因使用产品而受到伤害，就都可以对产品制造商提出诉讼。卡多佐担任联邦最高法院大法官之后，是当时属于少数的自由派大法官，他支持罗斯福的新政，支持了政府加强对社会的管理和对经济生活的干预。这都表明了卡多佐对于法律有一种现实主义的和实用主义的理解。

卡多佐的法律观体现在他的一系列著作以及大量的司法意见中。在本世纪上半叶以前，美国最高法院大法官中很少有人撰写专门的学术著述，而卡多佐就是其中少数的几位之一。他的文字以明晰、精细、简洁但含义丰富著称，即使是司法意见也被认为具有浓厚的学术意味。他的主要法学著作除了这本《司法过程的性质》之外，其他还有《法律的生长》(1924)和《法律科学的悖论》(1928)。他去世以后，有人汇集他的论文出版了《卡多佐文选》(1947)。但其中最能体现卡多佐的思想的就是《司法过程的性质》。

这部著作最初是在耶鲁大学法学院所作的一个讲演，为的是纪念耶鲁大学法学院的一个已经去世的毕业生——阿瑟·P.麦金斯特里。在讲演开始之前，卡多佐曾说，他不认为讲演会令许多人感兴趣。因此，耶鲁大学法学院将讲演安排在一个专门讨论理论的小教室。但是，实际情况大大出人意料，听众不断增加，以致最后不得不安排在耶鲁的最大讲堂。这部讲演不仅是卡多佐的第一部用心之作，而且是卡多佐对自己多年担任法官的经验的一个总结，同时也是对美国自霍姆斯以来形成的实用主义司法哲学的一个系统的理论化阐述。尽管该书是一个讲演，篇幅不长，语言简洁，但是其视野开阔，含义深邃。在这部著作中，卡多佐认为，法官应不满足于通过某种传统的法律推理方法获得一个结论，也不应试图对由某种冲动甚或是某种社会哲学所指定的结论寻求正当化或予以理性化。他认为，不能仅仅由于某种做法是为先例所规定的，就放弃自己作为法官的责任；但另一方面，他又认为，也不能轻易将长期为人们所接受的规则和先例放在一边，仅仅因为这些规则和先例可能得出的结果对某个具体的诉讼当事人不公道。他强调要反省自己的思想，要追寻影响或引导他得出结论的那种种影响力，要掂量各种可能冲突的考虑因素——逻辑的、历史的、习惯的、道德的、法律的确定性和灵活性、法律的形式和实质等等。正是由于这部著作提出了许多法官和律师先前都曾感受到，但又从来不曾细致琢磨透的问题，因此，他的这一著作在1921年一发表，就极为轰动，自那以来，一直获得美国法学界和法律界的高度评价，已经成为美国法律界和法学界最为广泛引用和学习的著作之一，并成为独具特色的美国法律哲学和司法哲学的代表作之一。

按理说，这样的一部名著早就应当翻译成中文了。但不知为何，普通法国家法官写作的、一些现已成为经典的著作却一直未受到中国学者的青睐。相反，在中国受到法学界重视的倒是一些在美国法律实务界实际影响并不很大的法学理论家或广义的法学家（政治哲学家、道德哲学家）写的著作。这种现象是奇怪的。究其原因，除了我在其他地方说到的法学理论上的“接受美学”或“路径依赖”问题之外，现在想来，也许更重要的原因是，由于中国近代以来激烈的社会变革和转型，很难形成高度专业化的司法，因此，那种面对现实的司法经验和智慧很难引起共鸣，也很难适合变革中的中国社会的需要。好在这种状况如今似乎已经开始改变，当代中国的改革开放和法治建设已经使中国进入可望保持长期稳定发展的阶段，因此也就可以期望 个更加专业化的司法界将在这一过程中出现和发展。因此，从这个角度上看，这部迟迟才引入中国的著作，倒更可能是译逢其时。同时，这部著作也表明，法学的发展至少并不为学院里的学者所专有，不是来自概念、理论的演绎或照搬；相反，法学发展的真正源泉，法律真知的真正来源，必定是法律的实践和社会现实。因此，只要面对现实，充分运用我们的思维能力，即使是一位专门从事法律实务的法官，也同样可能——如果不是更可能的话——获得真正有价值和有生命力的思想。因此，我衷心希望这部著作的翻译能对中国的法律界和法学界有所启发。

本书根据1921年耶鲁大学出版社的英文本翻译；原书没有索引，参照 Margaret E. Hall 1947年编辑的由 Fallon 法律著作出版公司出版的《卡多佐文选》的索引，我为本书编了索引，希望对部分读者能有所便利。

最后，我必须感谢贺卫方先生和罗淑颖女士，他们为书中的某些法文提供了中译。当然，我还得感谢我的妻子周云博士，一如既往，没有她的各种帮助和关心，此书就不可能完成。

译　者

1997年5月8日夜于北大蔚秀园

目　　录

第一讲 引论。哲学方法

在这整个国度的数百个法院里，每天都在进行决定案件的工 9
作。人们也许会想，任何法官都会认为可以很容易地描述他沿袭了成千上万次的司法决定的过程。然而，没有比这离事实真相更为遥远的了。如果一些聪明的普通人要求法官解说一下，法官会谈不了多少就找借口说，对于未经法律专业训练的人们来说，这种技艺的语言太难懂了。这种借口也许会掩盖这种否则会很不光彩的退缩，并且还伴随着某种故作高深的姿态。然而，这种做法很难
抑制好奇心和良知的纠缠。稍加回想，只要不再需要以故作高深 10
来打发这位缺乏基本司法知识的对话者，这个棘手的问题就会再次出现，并要求给予回答。当我决定一个案件时，我到底做了些什么？我用了什么样的信息资源来作为指导？我允许这些信息在多大比重上对结果起了作用？它们又应当在多大比重上发挥作用？如果可以适用某个司法的先例，在什么时候我会拒绝遵循这一先例？当没有可以适用的先例时，我又如何获得一个规则而同时又为未来制定一个先例？如果我寻求的是逻辑上的前后一致，寻求法律结构上的对称，这种寻求又应走多远？在哪一点上，这种追求应当在某些与之不一致的习惯的面前、在某些关于社会福利的考虑因素的面前以及在我个人的或共同的关于正义和道德的标准面

前止步？日复一日，以不同的比例，所有这些成分被投入法院的锅
炉中，酿造成这种奇怪的化合物。到底是否应当允许法官酿造这
样一种化合物，对此我无心探究。我只是将法官制定的法律作为
11 生活中存在的现实之一来看待。在我们的面前，就存在着这么一
个酿造过程。法官并非安坐在法官席上，而是插手了这一酿制。
这些因素并非偶然地汇聚在一起，而是有那么一些原则——无论
它们是怎样地未加宣告、难以表述和下意识——调整了输入的成
分。它也许并非某一时刻所有法官都接受的同一个原则，也并非
某个法官在所有时刻都接受的同一个原则。但是，这里还是有一
个选择的问题，而不是听任命运之神的摆布；即使决定这一选择的
那些考虑因素和动机常常模糊不清，却也并非不完全无从分析。
我将试图进行分析。这种分析需要将有意识的和下意识的因素加
以区分。我并不是说，我将归于第一类的那些考虑因素和动机就
总是清清楚楚地为人所意识到，因此只要一眼就可以认出它们并
予以命名。通常，它们只是贴近表层。但相对说来，区分和标示它
们会更容易些，并且，一旦这样贴上标签，它们就会很快被当作行
12 动的指导原则而获得承认。更为微妙精细的是那些深深掩藏在表
象之下的力量，只有将它们归于下意识一类才合乎情理。常常正
是由于这些下意识的力量，法官才保持了自己的前后一致，并保持
了与他人的不一致。威廉·詹姆斯在关于实用主义的讲稿中有一
页生动地提醒我们说，事实上我们每个人，即使是我们当中那些没
有听说过甚至是痛恨哲学名词和概念的人，都有一种支撑生活的
哲学。我们每个人都有一种如流水潺潺不断的倾向，不论你是否

愿意称其为哲学，[1]却正是它才使我们的思想和活动融贯一致并有了方向。法官一点也不比其他人更能挣脱这种倾向。他们的全部生活一直就是在同他们未加辨识也无法命名的一些力量——遗传本能、传统信仰、后天确信——进行较量；而结果就是一种对生活的看法、一种对社会需要的理解、一种——用詹姆斯的话来说——“宇宙的整体逼迫和压力”的感受；在诸多理由得以精细平衡时，所有这些力量就一定会决定他们的选择是什么样子的。正 13
是在这样的精神性背景下，每个问题才找到自身的环境背景。我们也许会尽我们之所愿地努力客观地理解事物，即使如此，我们却也永远不可能用任何他人的眼睛来理解这些事物。无论是一份诉讼请求还是一个议会法案，无论是犯罪的穷人还是公正的君主，无论是一个乡规民约还是一个民族宪章，它们都要接受这一标准的检验。

要表述一个程式从而使司法过程对我来说是合理的（对他人则会大打折扣），我对自己的能力没有多少信心。在研究法官制定法时，我们必须运用华莱士先生曾运用于政治研究并取得良好结果的定量分析方法。[2] 要做好这个工作需要有比我更渊博的学问。但是在获得那么多学问并将之运用于这一工作之前，一个日复一日地保持司法过程生机勃勃的活跃代理人也许会有一种片刻的兴趣，他会试图发现这一过程的性质。这就是我对自我反省式地搜寻司法过程的精神的辩解。

在我们能够确定一种化合物的比例之前，我们必须了解将予 14

---

① 参见，N. M. Butler，*Philosophy*，第 18 和 43 页。

② *Human Nature in Politics*，第 138 页。

以混合的成分。因此，我们的第一个追问应当是：法官从哪里找到体现在他的判决中的法律？这些渊源有时很明显。适合此案的规则也许是由宪法或制定法提供的。如果情况如此，法官就无须再费力追寻了。这种对应一经确定，他的职责就是服从。宪法高于制定法，而一个制定法——如果与宪法一致——则高于法官的法。在这个意义上，法官制定的只是第二等的法律，并且它从属于立法者制定的法律。的确如此，法典和制定法的存在并不使法官显得多余，法官的工作也并非草率和机械。会有需要填补的空白，也会有需要澄清的疑问和含混，还会有需要淡化——如果不是回避的话——的难点和错误。在人们的谈论中，似乎解释不过是寻找和发现立法者心目中的含义，而不论这种含义是多么含混不清和深藏不露，却还是被当作一种真实并可以确定的已有之物。有时司
15 法过程确实就是这样，但经常又不仅仅如此。在赋予一个制定法以含义时，确定立法意图也许是法官的最小麻烦。“事实是，”格雷在论《法律的性质和渊源》[①]的讲演中说，“之所以出现所谓的解释的困难，是在立法机关对之完全没有概念的时候——当时的立法机关从未想到今天会对该制定法提出这个问题；这时，法官必须做的并不是确定当年立法机关心中对某个问题究竟是如何想的，而是要猜测对这个立法机关当年不曾想到的要点——如果曾想到的话——立法机关可能会有什么样的意图。”[②]布鲁特也这样说：[③]

---

① *Human Nature in Politics*，第 370 节，第 165 页。

② 参见，Pound，“Courts and Legislation，” *Modern Legal Philosophy Series*，第 9 卷，第 226 页。

③ *Die Kunst der Rechtsanwendung*，第 72 页。

所立遗嘱具有约束力。这一原则，如果推到其逻辑极限，似乎支持了这位谋杀者享有继承权。还曾有一个原则，即民事法院不得对罪行增添施加痛苦和惩罚。这一原则，如果推到其逻辑极限，似乎也支持他享有继承权。但是，在这些原则之上还有一个更为一般的原则，它深深扎根于普遍的正义情感中，这就是，无人应当从他自己的不公中获利或从他自己的错误中占便宜。这一原则的逻辑战胜了其他原则的逻辑。我说的是它的逻辑获胜了。然而，真正让我们感兴趣的事情是，在这个和那个逻辑之间为什么以及如何作出了这种选择。在这个例子中，理由并不含混。之所以遵循了一条道路，而关闭了另一条道路，这是因为在这位司法者的心目中 42
有这种确信，即他所选择的道路导向了正义。诸多类推和先例以及它们背后的原则都被摆到一起，相互争夺着优先权；但最终，那个被认为是最根本的、代表了更重大更深广的社会利益的原则打得其他竞争原则落荒而去。在这里，我并不非常关心通过它才获得正义的那个具体的公式。在前面提及的不动产转让案件中，判决当时的法定所有权已经转移，就保持了前后一致，逻辑也就获得了应当的礼遇；但是，这一决定都从属于一种推定委托。[①] 而一个推定委托不过是“这样一个程式，通过它来表现出衡平法的良知”。[②] 在这种境况下获得财产时，法定所有权证书的持有者凭良知说就不能保留该不动产的收益。衡平法，为表现它不赞同所有

① Ellerson v. Westcott，148 N. Y. 149，154；*Ames*，*Lectures on Legal History*，第313、314页。

② Beatty v. Guggenheim Exploration Co. 225 N. Y. 380，386.

43 权证书持有者的这种行为，因此将他转换成一个受托人。[①] 这个程式仅仅是一些补救设置，通过它们，得出了一个被认为是正确和公正的结果并且也与这个法律制度的原则和对称性相吻合。我现在关心的倒不是这个补救设置，而是其潜在的动机，它内在的创造能力，正是它们才促成了这些设置的运作。谋杀者由于谋杀而失去了遗嘱继承权，这是因为不允许罪犯从犯罪中获利所服务的社会利益比维护并强制执行法定所有权所服务的社会利益更为重大。事实上，我的例证已使我超出了我讲述的故事。这就是一个司法过程的缩影。运用我们的逻辑、我们的类推、我们的哲学，我们向前走，直到我们到达某个特定的点。开始时，我们对这些路径并没有感到有问题；它们也遵循同样的路线。然后，它们开始分岔了，而我们就必须在它们之间作出选择。历史或者习惯、社会效用或某些逼人的正义情感，有时甚或是对渗透在我们法律中的精神的半直觉性领悟，必定要来援救焦虑不安的法官，并告诉他向何方前进。

44 大量例举有关这一过程——不断用正义来考查和检验哲学并不断用哲学考查和检验正义的过程——的范例很容易。有这样一个规则，它允许在有实质性履行但并不完整履行的情况下就履行之缺陷获取赔偿。我们经常用这一原则来保护一些建筑者，他们在无关紧要的细节上背离了合同但并不存在恶意。在决定这类案件时，如何使司法与逻辑相吻合，法院有时就感到麻烦。甚至今天，一些论著和决定中表现出来的那种不轻松的感觉也表明这两

① Beatty v. Guggenheim Exploration Co. 同前；Ames，同前。

大块并不契合。在最近的一个案件中，我就曾说："那些更看重法
律规则发展中的对称性和逻辑性而不是强调法律实际顺应一个正
当结果的人"仍然"为某种分类而感到麻烦，因为那里的分界线是
如此摇摆不定和模糊不清"。[①] 我确信，规则所给予的启示只是一
种正义的情感。这种情感无法禁止，我们带着遵从先例的神圣光 45
圈围绕着它前进。有些法官在有关准合同的法律中看到的是一个
将之统一起来的原则。其他法官则是在区别依赖性允诺和独立性
允诺或是在区别允诺和履行条件中看到了这样一个统一的原则。
然而，所有法官最终都发现，在法律武器库中曾有过这样一个原
则，如果将之从墙上——它正在那里生锈——取下，就能提供一个
作战的武器，就能够开辟一条通往正义的道路。在一种逻辑与另
一种逻辑之间，通过指导人们作出选择，正义对逻辑起着作用，情
感对理性起着作用。而反过来，通过清除情感中那些专断恣意的
东西，通过制约否则也许会过分的情感，通过将情感同方法、秩序、
融贯性和传统联系起来，理性又对情感起着作用。[②]

将逻辑的或哲学的方法理解为多种推理工具中的一种，我认
为这并没有什么是与大陆法学家的教诲相敌对的。大陆法学家想
推翻的是这种方法在一个法律体系中的地位和势力，而这种法律 46
体系与我们的并不相同。他们在与一种邪恶搏斗，而这种邪恶只
很轻微触及到普通法的某些地方。我并不是说，我们的所有领域
都不需要这样的教诲。然而，由于案例法赖以发展的是归纳过程，

---

① Jacobs & Youngs, Inc. v. Kent, 230 N. Y. 239.

② 参见，Hynes v. N. Y. central R. R. Co. (231 N. Y. 229, 235)。

在某些部分上，我们的法律已经避免了与以成文法为基础、通过演绎过程发展法律不可分离的某些邪恶和威胁。[1] 然而，即使一些大陆法学家强调需要其他方法，他们也并没有要求我们完全剥夺逻辑和哲学方法在法律原则中的生殖力。误用逻辑或哲学的起点是把哲学方法和哲学目的视为至高无上而且是终极性的。我们从
47 来也不能全部放逐逻辑或哲学。“可以肯定，”弗朗索瓦·热尼说，[2]“不应当存在这样的问题，即从实证法律科学中放逐三段论推理和逻辑的方法。”在演绎法律后果时，有时甚至可以严格遵循某些一般规则。“滥用逻辑和哲学方法，”他说，“在于——如果我没错的话——把理想的然而就其性质而言是暂时的和纯粹主观的概念视为一种具有永久性的客观实体。而这种错误的观点，在我看来，是中世纪的绝对实在论的残余，结果是把整个实在法体系——一种先验的东西——限定在数量有限的逻辑范畴之中，而这些逻辑范畴本质上又是预先确定的、基础上不可动摇的，受毫无灵活性的教条支配，并因此无法使自身顺应生活中永远变化并正在变化的事件。”

在法律中，就如同在知识的其他每个分支中一样，由归纳提出的一些真理趋向于构成一些前提，以便进行新的演绎。一代代的律师和法官他们自己并不重复证明过程，就如同我们大多数人并
48 不重复证明天文学或物理学的真理一样。大量的司法概念和公式

① “Notre droit public, comme notre droit privé, est un jus scriptum” (Michoud, “La Responsibilité de l'état à raison des fautes de ses agents,” *Revue du droit public*, 1895，第 273 页，引自 Gény，第 1 卷，第 40 页，第 19 节)。

② 同前，第 1 卷，第 17 页，第 61 节。

发展起来了，而我们可以说是把它们现成的拿过来。诸如合同、占有、所有、遗嘱以及其他许多基本概念都是现成的，在那里供人们使用。我无需追问它们是如何到达那里的。我在这里写下的并不是一个法律的演化史，而是一幅司法过程将这些概念运用于成熟法律的速写。这些基本概念一旦获得，它们就构成起点，从此将推演出一些新的后果。起初，这些后果只是暂时性的和探索性的，通过不断重复才获得一种新的永久性和确定性；最终，它们自己也变成了基本的和公理性的，被人们接受了。因此，法律概念和公式是从先例到先例成长起来的。一个决定的隐含意义在一开始时也许是含混的，其后由于评论和阐述，新的案件抽出了它的精髓，最后，就出现了一个规则或原则，成为一个渊源，一个出发点。从这里将开始一条新的前进路线，将依据它来衡量一个新的进程。有时，人们会发现，对这个规则或原则的系统阐述过于狭窄或过于宽泛，必 49
须重新予以构造；有时，人们接受它为此后推理的一个先决条件，而忘记了它的起源，它变成了一个新家族，它的问题同其他因素连为一体，并一直渗透在法律中。你可以随意称这种过程是一个类比的过程，逻辑的过程，或者是哲学的过程。但无论你怎样称呼它，它的精华都是从一个规则、一个原则或一个先例引申出一个结果。在上面的这些话中，我并没有在任何严格的或正式的意义上使用哲学这个词。这种方法从强到弱分等级，一头指的是三段论，而另一头仅仅是指类比。有时一个先例的延伸会一直达到其逻辑的极限，有时却走得不那么远；还有时，通过类比过程，它甚至会比逻辑走得更远。这是没有哪个法律体系能够放弃不用的工具。①

① Ehrlich, *Die Juristische Logik*，第 225、227 页。

在某个领域内很起作用的一个规则，或者是在那个领域内而不论
50 是否在一切事件中显露出其作用的一个规则，会延伸到另一个领域。我把属于这种过程的诸多例子与那些逻辑联系更为紧密并更具约束力的例子都归到相同的题目下。① 说到底，并且就其潜在动机来看，它们都是同样方法的某些阶段。启示它们的都是同样的对于一贯性、确定性、计划和结构的统一性的渴望。它们都扎根于心灵对一个更大、更具包容性的统一体的不断追求，就是在这个统一体中，各种分歧将得以调和，而各种反常都将消失。

① 参见，Gény，同前，第2卷，第121页，第165节；又请参见，第1卷，第304页，第107节。

第二讲 历史、传统和社会学的方法 51

然而，哲学的方法与从其他方法中找到其市场的另外一些倾向会发生竞争。这些其他方法中就有历史的方法，或进化的方法。一个原则有自身扩展直到其逻辑极限的倾向，这种倾向也许会为另一种倾向所抵消，这就是，一个原则本身的历史限度会限定其自身。我并不是说这时候这两种方法就总是对立的。将它们视为完全不同，这样的分类无疑会受到指责，它所涉及的界线和区分原则有一定的重合。经常的情况是，历史的影响为逻辑清扫路径。[①]
司法的发展也许是逻辑的，而无论影响司法发展的是与昔日保持 52
前后一致的原则还是与某些事先确定的规范、某些一般概念、某些"内在的、创造性的原则"保持前后一致的原则。[②] 无论是在那些使司法成为今天这个样子的事件中，还是在那些使我们可以说司法就应当如此的原则中，我们也许都可以发现先例的指导力量。司法发展所涉及的也许是对起源的调查，也许是纯粹理性的努力。这两种方法都有它们自己的逻辑。然而，就此刻来说，可以便利地

---

① 参见，Holmes，"The Path of the Law，" *Harvard Law Review*，第 10 卷，第 465 页。

② Bryce，*Studies in History and Jurisprudence*，第 2 卷，第 609 页。

将历史的方法等同于其中之一，而将逻辑或哲学的方法限定为另一种。某些法律的概念之所以有它们现在的形式，这几乎完全归功于历史。除了将它们视为历史的产物外，我们便无法理解它们。在这些原则的发展过程中，历史的支配力有可能超过逻辑的或纯粹理性的。而另外一些法律概念，尽管它们当然也有一段历史，但在更大程度上是受到理性或比较法理学的影响而成形和变化的。
53 它们是万民法的一部分。在这些原则的发展中，逻辑的支配力有可能超过历史。例证之一就是法人概念或公司人格的概念以及伴随了这个概念得以产生的一串长长的推论。有时，一个题目会既适合于使用这种方法也适合于另一种方法，并且都很自然。在这种情况下，习惯或效用的考虑就经常会出现，来调整方法的选择。剩下的部分也许就得由法官的人格、他的品味、他的训练或他的精神倾向来支配。我的意思并不是说，历史的指导力量——即使是在历史影响最肯定的地方——会完全限定未来，未来的法律仅仅是毫无新意地重复着目前的和昔日的法律。我只是说，历史在照亮昔日的同时也照亮了今天，而在照亮了今天之际又照亮了未来。
54 “如果看起来一度曾有过这样的可能，”梅特兰说，①“即历史的精神（那种努力理解罗马古典法学和十二铜表法、萨利卡法、所有时代和地方法律的精神）是命定论的并且不利于改革，那么，那样一个时代也已经成了历史……今天我们也许会将历史研究的职责视为解说（explaning）并由此减轻昔日必定会对今天、且今天必定会对未来所施加的那种压力。今天我们研究前天，为的是昨天也许

① *Collected Papers*，第 3 卷，第 438 页。

不会使今天无所作为以及今天又不会使明天无所作为。”

让我首先谈谈那些没有历史就不可能进步的领域。我认为不动产法提供了最现成的例子。[①] 如今，没有哪个立法者在思考制定一部法典时构想出来的是封建的土地占有制。是历史建立了这一制度以及与这一制度相伴随的法律。我们永远也不可能根据抽象的所有权观念，通过逻辑演绎过程，来区分附属于无限制继承条件之地产的与附属于终生占有之地产的诸多权利义务，或者是区分附属于终生占有之地产的与附属于占有期有限之地产的诸多权利义务。在这些问题上，“一页历史就抵得上一卷逻辑”。[②] 只要 55
我们走进土地法的森林里，也到处都是这种情况。土地转让的限制、绝对所有权的暂停、不确定继承、诸多将来履行的财产遗赠、私人信托和慈善委托，所有这些法律的名目都只有在历史之光的照耀下才能理解，它们都是从历史中获得促进力且必定会影响它们此后的发展。我并不是说在这个领域中，哲学的方法甚至不起任何作用了。某些土地法的概念，一旦固定下来，就被无情地导出其逻辑结论。我要说的毋宁是，这些概念本身是从法律的外部而不是从法律内部来到我们面前的；它们所体现的，许多都不是现在的思想，更多是昔日的思想；如果与昔日相分离，这些概念的形式和含义就无法理解并且是专断恣意的；因此，为了真正合乎逻辑，它们的发展就一定要充分注意到它们的起源。在一定程度上，这对 56
我们法律的大多数概念也都适用。那些形而上的原则很少是这些

① Techt v. Hughes, 229 N. Y. 222, 240.

② Holmes, J.，见于 N. Y. Trust Co. v. Eisner, 256 U. S. 345, 349。

概念的生命。我之所以在此着重谈论了不动产法，只因为它是一个非常明显的例子。其他的例证也很多，尽管不是那么明显。“我们已经埋葬了这些诉讼形式，”梅特兰说，[1]“但它们仍然从坟墓中支配着我们。”霍姆斯也有同样的思想：[2]“如果我们考察一下合同法，”他说，“我们就会发现它充满了历史。所作的债务合同、专约合同(covenant)以及口头合同(assumpit)的区分都不过是历史的产物。法律不考虑任何讨价还价的因素而将某些支付货币的责任强定为准合同，这只是历史的产物。对价原则也只是历史的产物。合同法中赋予印玺的效力也还是只能由历史来解释。”遗产执行人
57 的权力和职能，非法侵占财产和贪污的区分，关于外人非法侵入的现场规则和管辖，这都是一些杂乱无章的增长例证，它们在历史中产生，历史一定会对之产生影响。有时候，某个对象适用这种或那种方法区别不大，这时，法官的偏好和训练就决定了路径的选择。庞德曾对这个题目做过深入细致的讨论。[3] 我在此借用他的一个例子。生前礼赠的动产是否无需交付就有效？这个争论热了很多年才最后消停下来。一些法官依据罗马法来类比，而其他法官依据的则是我们法律中有关转移方式的历史。对有些法官来说，首先是分析基本概念，然后将分析的结果延伸到逻辑结论上去。宣布一个赠与和接受的意愿就已经具有了赠与和接受的效力，不再需要其他了；这与先前确定的法律交易的某些定义是相一致的，是一种法律行为。而对其他法官来说，这里的中心思想并不是与某

① *Equity and Forms of Action*，第 296 页。

② “The Path of the Law，”*Harvard Law Review*，第 10 卷，第 472 页。

③ “Juristic Science and the Law，”*Harvard Law Review*，第 31 卷，第 1047 页。

个概念——考虑的是什么是逻辑上的应为——保持一致，而是要 58
与历史保持一致，即考虑什么是已为。例如，卢姆利诉吉尔(Lumley v. Gye，2 El. &Bl. 216)一案的司法意见确立，当甲对乙和丙之间的合同进行恶意干预时，有权对甲提出诉讼。我认为该决定就展示了相同的歧异曲调，相同的着重点之变化。经常的情况是，这两种方法互相补充。在某个案件中，究竟哪种方法居于支配地位，这有时也许取决于对便利性和适当性的直觉，这些直觉过于微妙而无法系统阐述，过于精细而无法估量，过于易变而无法定位甚至是无法完全理解。有时，法律哲学家的时兴著述中展现的流行趋势也许会影响这种平衡。如同文学、艺术和服装界一样，法理学中也有一些时尚和时髦的东西。对于这一点，在讨论诸多力量下意识地对法律的形成起作用时，我们将会有更多的讨论。

如果历史和哲学还不能用来确定一个原则的发展方向，习惯也许就会插进来。当我们说到习惯时，我们也许说的不只是某一
个东西。“惯例(consuetudo)，”柯克指出，“是英格兰法律的三大 59
支柱之一；这些法律被划分为普通法、制定法和习惯。”[①]在这里，普通法和习惯被认为是截然不同的。然而，布莱克斯东却不这样认为：“这种不成文的法或普通法可以恰当地分成三类：(1)一般的习惯，这是整个王国的普遍规则，并构成了更为严格和更为一般意义上的普通法。(2)特别的习惯，其中大部分只影响一些特别地区的居民。(3)某些特别的法律，这是根据习惯为某些管辖权相当普

① *Coke on Littleton*，第62a页；Post v. Pearsall，22 Wend. 440。

遍和广泛的特殊法院所采纳和使用的法律。”[①]

无疑，在普通法发展中，习惯在今天的创造能力已不如它在过去的年代了。[②] 甚至在过去的年代里，它的能力也非常可能为布莱克斯东及其追随者们夸大了。“今天，我们承认，”用庞德的话来
60 说，[③]“习惯就是司法决定的某个习惯，而不是民众活动的某个习惯。”格雷说，[④]“是否在法律史的所有阶段上，法官制定的规则都没有产生出习惯，而是由习惯产生了规则”，这是“很令人怀疑的”。近年来，我们寻求习惯，至少很多时候不是为了创造新规则，而是为了找到一些检验标准，以便确定应如何适用某些既定的规则。当习惯所寻求完成的超出了这一点，法律中就有一种日益增长的趋势：将法律的发展留给立法去做。法官不感到有同样的一种需要，即需要对新近产生的、敲着门急于进入法律体系中的、并由于某些方面的新颖形式或特点而看上去不顺眼的诸多习惯予以法律的批准，而如果立法机关不是经常开会，并有能力确立某个不受挑
61 剔而且也无法挑剔的权利，法官就会感到这种需要。但是，这种权力并不因为其谨慎行使而丧失。“商人法，”一位英国法官说过，“不是固定的和僵硬的，它的生长并没有因为被装进法典而受到了抑制；用首席大法官柯克伯恩伯爵的在古德温诉罗伯特（Goodwin

① Blackstone，*Commentary*，第 67、68 页；Gray，*Nature and Sources of the Law*，第 266 页，第 598 节；Sadler，*The Relation of Custom to Law*，第 59 页。

② Gray，同前，第 634 节；Salmond，*Jurisprudence*，第 143 页；Gény，同前，第 1 卷，第 324 页，第 111 节。

③ “Common Law and Legislation，”*Harvard Law Review* 第 21 卷，第 383、406 页。

④ Gray，*Nature and Sources of the Law*，第 634 节。

v. Robert L. R. 10 Exch. 346)一案的话来说，它能够被延伸和扩大来满足贸易的需要。”[①]在不存在与制定法不相一致的情况下，商业实践也许可以创造出一些新型的商业票据。[②] 公共的和私人的公司的责任也许是保持这种可流通品质，尽管票据上有印章，尽管按照普通法印章会毁了票据。“如果商业的必要性要求它们应当可以流通，那么让它们可以流通就没有什么不道德或违反善良政策。法院或普通法的一个仅仅是技术性的教条不可能禁止商业 62
世界发明或发行上个世纪所没有任何类型的证券。”[③]因此，在活着的人们的记忆中，铁路和汽船，电报和电话，这些体现了蒸气和电的力量的伟大发明已经建立起一些新的习惯和新的法律。现在，也已经有了一整套处理某些有关空气的法律问题的法律文献了。

然而，在今天，习惯的创造力在制定新规则中还不像在运用旧规则时那样最经常地自我表现出来。有关权利义务的一些一般性标准已经确立。习惯必须决定这里是坚持了还是背离了这些标准。我的合伙人具有这一行当中通常具有的那些权力。这些权力也许是如此之众所周知，以至于法院都会慎重周全地考虑到这些 63
权力。一个例证就是一个贸易商号的成员在该商号的业务进程中所具有的制作或背书一个流通票据的权力。[④] 也许是有这种权

① Edelstein v. Schuler，1902，2 K. B. 144，154；参见，Bechuanaland Exploration Co. v. London Trading Bank，1898，2 Q. B. 658。

② 同前案。

③ Mercer County v. Hacket，1 Wall. 83；参见，Chase National Bank v. Faurot，149 N. Y. 532。

④ Lewy v. Johnson，2 Pet，186.

力，因此法院会要求提出证据证明存在着这样的权力。① 在履行其保护仆人不受伤害的义务时，主人必须行使那种在类似情况下普通人通常会具备的那种程度的细心。在确定是否达到了这个标准时，审定事实者必须参考普通人在这些问题上的生活习惯以及日常的信仰和实践。还有无数案件，在那里处理问题所应当遵循的进程都由某个特殊贸易、市场或职业的习惯，或者更准确地说是由常例（usage）来界定的。② 始终贯穿了整个法律的一个恒定假设就是，习性的自然且自发的演化确定了正确与错误的界限。如果对习惯略加延伸，就会将习惯与习惯性道德、流行的关于正确行
64 为的标准、时代风气等同起来。③ 这就是传统的方法和社会学方法之间的接触点。它们都扎根在同一土地上。各自都维护着行为和秩序之间、生活与法律之间的互动。生活塑造了行为的模子，而后者在某一天又会变得如同法律那样固定起来。法律维护的就是这些从生活中获得其形式和形状的模子。

现在人们看到我们法律的这三种指导力量：哲学、历史和习惯在发挥作用。我们已经走得很远以至于可以欣赏这个问题的复杂性了。我们看到，决定是否忠实于先例以及是否忠实于有先例支持的原则并不能使我们在这条路上前进多远。原则不是一个，而是复杂的一束。说我们应当保持前后一致，这的确很好，但问题是与什么保持前后一致？应当与规则的起源保持前后一致，还是同发

① First National Bank v. Farson，226 N. Y. 218.

② Irwin v. Williar，110 U. S. 499，513；Walls v. Bailey，49 N. Y. 464；2 *Williston on Contracts*，第 649 节。

③ 参见，Gény，同前，第 1 卷，第 319 页，第 110 节。

展的进程和趋势保持前后一致？或者是应当同逻辑、哲学或通过分析我们自己的和外国的制度所揭示的法理学的基本概念保持前后
一致？所有这些忠实都是可能的。它们都有其取胜的时候。但我 65
们应当如何在其间作出选择？将这个问题暂时放在一边，我们实际上又是如何在其中作出选择的？在一种特定意义上看，某些法律的概念是历史的产物。在这样一些部门中，历史会趋向于对法律的发展给予指导。而在其他部门中，某些大的、基本的概念，比较法理学表明是其他高度发展的法律制度所共有的概念，显示了它们高于所有其他的概念。在这些部门中，我们应当给予逻辑性和对称性以更大的活动范围。还有一个广阔的领域，在那里规则也许已经以这种或那种方式——并且便利程度大致相同——确定下来了。在这里，习惯趋向于声称自己是指导路径选择的支配性力量。最后，当社会的需要要求这种解决办法而不是另一种的时候，这时，为追求其他更大的目的，我们就必须扭曲对称、忽略历史和牺牲习惯。

这样，我们就从历史、哲学和习惯走到了这样一种力量，它在
我们时代和我们这一代人中正变成所有力量中最大的力量，即在 66
社会学方法中得以排遣和表现的社会正义的力量。

法律的终极原因是社会的福利。未达到其目标的规则不可能永久性地证明其存在是合理的。“就如同一个人不可能从他的房间和生活中排除至关重要的空气一样，伦理因素也不再能从司法（正义）活动中被排除出去，而正义是一切民事法律的目标和目的。”①逻

---

① Dillon, *Laws and Jurisprudence of England and America*，第 18 页，引自 Pound, *Harvard Law Review*，第 27 卷，第 731、733 页。

辑、历史和习惯都有它们的地位，当我们可能时，我们会影响法律使之符合它们；但只是在一定的限度之内。法律所服务的目的将支配所有这些方法。有那么一个古老传说，说是有一天上帝祈祷了，他的祈祷词是“让这成为我的意愿，我的正义为我的慈悲所支配”。这就是当形式主义的恶魔以科学秩序的诱惑力来欺骗我们的智识时，我们大家都不时需要发出的祈祷词。当然，我不是说，法官被授权随意将现存的规则放在一边，而偏好任何其他一套他们也许认为是便利或明智的规则。我所说的是，当他们应召就现
67 存规则应如何延伸或如何限制而发言时，他们一定要让社会福利来确定路径，确定其方向和其距离。我们不要忘记，乔治·杰色尔爵士在一个经常被引用的判决中说过，这里有一个至高无上的公共政策，我们不要轻易用契约自由来干预它。[①] 因此，在这一领域，也许有一个至高无上的公共政策，它将超过暂时的不便或偶尔的艰难，不要轻易牺牲确定性、统一性、秩序和连贯性。所有这些因素都必须予以考虑。应当给予它们那种可靠的判决所要求的分量。它们是社会福利的构成因素，而我们的任务就是去发现这种社会福利。[②] 在一个既定案件中，我们也许会发现它们是占优势的价值的构成部分。而在其他案件中，我们也许会发现它们的价值是从属性的。我们必须尽我们的最大可能来评价它们。

68 我已经说过，并没有授权法官随意按照变化着的关于便利或明智的看法来制作或废除规则。我们的法官不能像霍布斯那样

① Printing etc. Registering Co. v. Sampson, L. F. 19 Eq. 482, 485.

② 参见，Brütt，同前，第 161、163 页。

说:"君主一个接替了一个,一个法官过去了,另一个又来了,但是天地从不会过去,自然法也没有哪一丁点会过去,因为它是上帝的永恒法。因此,所有先前法官的判决加在一起也不能铸成一个与自然公道相反的法律,也没有任何先前法官的范例可以批准一个不合情理的判决,或者使现任法官不再苦苦研究什么才是他将根据自己的一些自然理性原则作出判决的那个案件中的公正。"[①]对我们来说,更加接近真理的是一位英国法官的话:"构成我们普通法制度的是,将我们从一些法律原则和司法先例中推导出来的法律规则运用于新组合的境况,并且,为了获得统一性、一贯性和确定性,只要这些规则对于发生的所有案件并非明显不合情理和不 69
便利,我们就必须运用这些规则;在尚未慎重地适用这些规则的时候,我们没有自由因为我们认为这些规则不像我们本来可能设计的那样便利和合乎情理而拒绝这些规则,并放弃对这些规则的所有类比。"[②]这并不意味着,这些规则中没有尚未填补的空白,判决不可以在其中不受限制的运动。大法官霍姆斯先生在他的一段闪光的格言中对此作了概括:"我毫不犹豫地承认,法官必须而且确实立法,但他们只是在间隙中这样做;他们被限制在克分子之间运动。一个普通法法官不能说,我认为对价原则只是一些历史的胡言乱语,在我的法院中将不实施这一原则。"[③]这种将法官的立法

① Hobbes,第 2 卷,第 264 页;引自 W. G. Miller, *The Data of Jurisprudence*,第 399 页。

② 詹姆斯·帕克爵士,以后是温斯利德尔伯爵,Mirehouse v. Russell,1 Cl. &F. 527,546;引自 Ehrlich, *Grundlegung der Soziologie des Rechts*,1913 年版,第 234 页;参见,Pollock, *Jurisprudence*,第 323 页。

③ Southern Pacific Co. v. Jensen,244 U. S. 205,221.

权理解为在空白处起作用的看法与外国法学家所熟悉的那种“法
70 律中的空白”理论很接近。[1]“对于各个案件，由制定法提供的一般框架应当通过解释——即贯彻制定法的一些原则——的方法来填满。毫无例外，在每个案件中，法院的事务都是为制定法提供其所省略的东西，但又总是通过一种解释的职能来完成。”[2]如果这个制定法是以“自由决定”的方法加以解释的，这个过程与英国和美国法官在发展普通法中所遵循的过程就只是在程度上而不是在种类上有所不同。事实上，在他新近的一本书中，[3]埃利希就赞同地引用了一位英国作者的话，这位作者说，[4]“除非是在少数目前
71 法律含混不清的案件中，一部法典不会限制法官们现已拥有的任何裁量。它将只改变约束法官的规则的形式。”我认为这个说法过甚其词。普通法中的缝隙要比制定法中的缝隙更宽，至少就常见于英国和美国的那种形式的制定法而言是如此。在那些制定法更多限于宣布一般规则并且立法不试图处理细节或具体问题的国家中，立法更少有限制法官的这种自由的倾向。这就是为什么在我们的法律中，对宪法的解释经常比对一般制定法的解释有更大的选择自由。宪法更可能是宣布一些基本原则，这些原则必须制定出来，然后再适用于具体条件。然而，令我们关切的并不是这些空

① *Moder Legal Philosophy Series*，第 9 卷，第 159—163、172—175 页；参见，Ehrlich，*Die juristische Logik*，第 215、216 页；Zitelmann，*Lüchen im Recht*，第 23 页；Brütt，*Die Kunst der Rechtsanwendung*，第 75 页；Stammler，*Die Lehre von dem richtgen Rechte*，第 271 页。

② Kiss，“Equity and Law，” *Modern Legal Philosophy Series*，第 9 卷，第 161 页。

③ *Grundlegung der Soziologie des Rechts*，1913 年版，第 234 页。

④ *Legal Quarterly Review*，第 19 卷，第 15 页。

白的大小；毋宁说，我们更关心的是那些将用来决定如何填补这些空白的原则，而无论空白是很大或是很小。在填补这些空白时，社会学方法将其着重点放在了社会福利上。

社会福利是一个很宽泛的术语。我用它来涵盖许多性质上或 72
多或少有所联系的概念。它可以指人们通常所说的公共政策，集体组织的善。在这类案件中，社会福利所要求的经常仅仅是便利或审慎。而另一方面，它也可以指由于坚守正确行为的标准——这在社区风气中得以表现——而带来的社会收益。在这类案件中，社会福利的要求就是宗教的要求、伦理的要求或社会正义感的要求，而不论它们是表述为信条或是体系，或者是一般人的心灵中所固有的观念。人们实在不易找到一个术语来涵盖这些关系相近的目的，它们相互间有难以觉察的级差并且相互重合。如果不是近来的历史已使文明(Kultur)这个词名誉扫地并使那些使用这个词的人恶名在外的话，也许我们可以后退一步，和柯勒[①]、布鲁特[②]
和贝罗尔兹海姆[③]一起求助于那个无法界定但可以理解的、人们 73
称之为文明的什么东西。因此，我选择了这个替代的术语，如果它对哲学家来说还不足够精确，至少就适于法官的目的来说，它会被认为足够的确定并具有足够的包容力。

确实，我想，在今天法律中的每个部分，这个社会价值的规则都已经成为一个日益有力且日益重要的检验标准。在庞德院长的

① *Enzyklopadie*, Bd. 1, D. 10; "Philosophy of Law", *Modern Legal Philosophy Series*，第 12 卷，第 58 页。

② 同前，第 133 页以下。

③ *System des Rechts und Wirthschaftsphilosophie*, Bd. 3, s. 28.

著述中,这一真相正强有力地获得这个国家的律师们的理解。“在
现代法律科学中,最重要的推进也许就是从以分析性态度转向以
功能性态度对待法律。”[①]“着重点已经从戒律的内容转向实践中
戒律的效力,从救济是否存在转向为实现该戒律的设计目的而设
立的救济能否获得以及是否有效。”[②]外国的法学家也有同样的想
74 法:“司法的全部功能,”格梅林说,[③]“都已经……转移了。表现在
司法决定和判决中的国家意志就是以法官固有的主观正义感为手
段来获得一个公正的决定,作为指南的是对各方当事人利益的有
效掂量,并参照社区中普遍流行的对于这类有争议的交易的看法。
除非是为某个实在的制定法所禁止,司法决定在任何情况下都应
当与商业交往所要求的诚信以及实际生活的需要相和谐;而在掂
量相互冲突的利益时,应当帮助那种更有理性基础并且更值得保
护的利益,直到其获取胜利。”[④]“一方面,”热尼说,[⑤]“我们应追问
理性和良心,从我们最内在的天性中发现正义的根本基础;而另一
75 方面,我们应当关注社会现象,确定它们保持和谐的法律以及它们
急需的一些秩序原则。”他又说:[⑥]“正义和一般效用,这将是指导

① Pound,“Administrative Application of Legal Standards,” *Proceedings American Bar Association*, *1919*,第 441、449 页。

② 同上,第 451 页;参见,Pound,“Mechanical Jurisprudence,” *Columbia Law Review*,第 8 卷,第 603 页。

③ “Sociological Method,”英译,*Modern Legal Philosophy Series*,第 9 卷,第 131 页。

④ Gmeilin,同前;参见,Ehrlich,*Die juristische Logik*,第 187 页;Duguit,“Les Transformations du droit depuis le Code Napoléon,”英译,*Continental Legal History Series*,第 11 卷,第 72、79 页。

⑤ 同前,第 2 卷,第 92 页,第 159 节。

⑥ 第 2 卷,第 91 页。

我们进程的两个目标。”

法律的一切部门都已经为这种精神所触及，并得以升华。在某些部门，这种社会学方法所起的作用与哲学的、进化的或传统的方法是和谐的，这就是那些仍然必须以追求逻辑性、融贯性和前后一致为其目的的领域。在其他部门，社会学方法似乎要取代与之竞争的其他方法，这就是，在司法权力运作空隙的限制内，前后一致的美德必须作出让步的领域。在某种意义上，当我们在把逻辑性、融贯性和前后一致作为更为重大的社会价值予以追求之际，我们的确也是在运用社会学的方法，然而，在此我所关心的是这样一些领域，在这些领域内，社会学方法与其他方法是相互对立的，而并非这些方 76
法的活动协调一致。精确划分当然不可能，但是，可以将某些广阔的地带大致标记为社会学方法运用富有成效的地带。下面我将举一些社会学方法起了作用的例子。我将首先在宪法领域内寻找这种例子，在这个领域内，在我看来，社会学方法毫无疑问是显著的；然后，我将在某些私法部门内寻找，在这些部门内，公共政策已经创建了一些规则，公共政策也一定具有类似的能力去改变它们；最后，我还将在其他领域内寻找，在这些领域内，尽管社会学方法还不那么显眼和流行，却总是在其背景中显现出来，并且当技术性、逻辑、传统似乎过分主张它们的要求时，社会学方法就会突现在前沿阵地。

我首先谈谈宪法，并且特别是谈谈那些以个人为中心的重大豁免。不经正当法律过程，无人应被剥夺自由。这是一个最具普遍性的概念。然而，自由是作为一个整体放在法院面前的，没有予以界定，自由的限度没有划定也没有指导。人们应如何理解它们？自由对一代代人难道都意味着同样的东西吗？那些在昨天是专断 77

恣意的限制在今天可以成为有用的和理性的并因此是合法的吗？那些今天是专断恣意的限制会在明天变得有用和理性并因此是合法的吗？我对这些问题的答案都毫无疑问是肯定的。在我们的司法历史上，曾经有一些时期，那时的回答是否定的。那时，自由首先被理解为一种固定的和绝对的东西。独立宣言将它奉为神明。大革命的鲜血将它神圣化。卢梭的、洛克的以及后来斯宾塞的和曼彻斯特经济学派的政治哲学使它尊贵起来并将它理性化了。自由放任不仅是一个出色政治家应当重视的一个谨慎的参谋，而是成了政治家们以及法官们必须服从的一个绝对命令。“这种19世纪的理论”是“一种永恒的法律概念，它涉及正义的根本观念，并潜
78 在地包含了一个将通过绝对的逻辑演绎过程而达到的对于每个案件的精确规则”。[1] 然而，在一种新的政治哲学还没有从政治家的著作中反映出来并最终在法院的命令中反映出来之前，它的世纪还并没有完结。戴雪在他的《英国的法律和舆论》中很有兴致地描述了这一转变。[2] “从个人主义的自由主义向非系统的集体主义的转变”已经在社会秩序上带来了一些变化，伴随着这些变化就需要对基本的权利和义务作出一种新的系统阐述。在我们国家，这种需要还没有很快地显示出来。法院仍然用那种曾为过去时代服务的哲学语言讨论着问题。[3] 然而，逐渐地，尽管其间也经常有人

① Pound，“Juristic Science and the Law，” *Harvard Law Review*，第31卷，第1047、1048页。

② 参见，Duguit，同前。

③ Haines，“The Law of Nature in Federal Decisions，” *Yale Law Journal*，第25卷，第617页。

反对并有间歇性的后退，但在个人自由领域内已出现了对宪法性
限制的重要性的一种新理解，将获得认可并占据支配地位。霍夫
法官在一个很有意思的讲话中发现1883年是这个新时代的黎明， 79
这一年里，法庭论辩了赫塔多诉加利福尼亚（Hurtado v. California，
110 U. S. 516）一案。[①] 如果这个新时代确实是那时候到来的，那
么它还在浓重的云雾之中。穿过云雾的稀疏光芒也许已经预示了
新一天的到来，但这些光线还不足以照亮道路。甚至晚到1905
年，洛克纳诉纽约（Lochner v. N. Y.，198 U. S. 45）一案决定所说
的话语还仍然没有为这种新的精神之光所触及。体现它的只是大
法官霍姆斯的反对意见，未来的人们将会认为这才是一个新时期
的开始。[②] 在这个案件中，它是一个少数派的声音。但在原则上，
它已经成为一种新体制的声音，已经将它自己写入了法律。“宪法
第14修正案并没有颁布赫伯特·斯宾塞先生的社会统计学。”[③] 80
“一部宪法无意体现一种具体的经济理论，无论它是家长制理论，
公民与国家的有机关系理论，还是自由放任理论。”[④]“当宪法第14
修正案中的自由这个词被认为是为了防止某种支配性意见的自然
后果时，自由就被歪曲了，除非是人们可以说：只要是一个理性、公
道的人，他都必定会承认所提议的制定法会损害我们的人民和我

① Hough，“Due Process of Law Today，” *Harvard Law Review*，第32卷，第218、227页。

② 参见，Hough，第232页；又见，Frankfurter，“Constitutional Opinions of Holmes，J.，” *Harvard Law Review*，第29卷，第683、687页；Ehrlich，*Die juristische Logik*，第237、239页。

③ 198 U. S.，第75页。

④ 同上。

们的法律传统一直这样理解的那些基本原则。”[1]这就是今天占支配地位的对自由的理解。[2] 今天，仍然有人批评它，[3]然而，我认为，它的支配地位已经确定。无疑，当一个如此精细的概念运用于不同条件时，不时会有不同的看法。[4] 确实，有时这些条件本身的展现就不完美，人们也了解得不充分。有许多条件和暗中为害的条件是一些机构，由于它们，一个看法从其一开始时就被糟蹋了。这也经常导致法院对某个制定法是否有效作出错误的评价，但这
81 不是由于错误地理解了法律，而是由于错误地理解了事实。纽约州就发生过这样的事。1907 年，一个禁止妇女夜间工作的制定法被宣告为专断和非法。[5] 1915 年，由于对社会上工人的调查有了更为完全的了解，一个类似的制定法就被认定为合乎情理并有效。[6] 今天，法院懂得了不孤立地或真空化地看待制定法，要将制定法视为宣告，它宣告了一些将用以指导理想社会的某些抽象原则，但又是在目前条件下的环境和框架之中（这是为我们国家的以及国外的经济学家和社会科学家的努力所揭示的）。[7] 对于制定

---

① 198 U. S.，第 76 页。

② Noble v. State Bank，219 U. S. 104；Tanner v. Little，240 U. S. 369；Hall v. Geiger Jones Co.，242 U. S. 539；Green v. Frazier，253 U. S. 233；Frankfurter，同前。

③ Burgess，*Reconciliation of Government and Liberty*.

④ Adams v. Tanner，244 U. S. 590.

⑤ People v. Williams，189 N. Y. 131.

⑥ People v. Schweinler Press，214 N. Y. 395.

⑦ Muller v. Oregon，208 U. S. 412；Pound，“Courts and Legislation，” *Modern Legal Philosophy Series*，第 9 卷，第 225 页；Pound，“Scope and Progress of Sociological Jurisprudence，” *Harvard Law Review*，第 25 卷，第 513 页；参见，大法官布兰代兹（Brandeis，J.）在亚当斯诉坦纳（Adams v. Tanner，244 U. S. 590，600）案中的发言。

法的这种流动性和动态化的理解支撑了现代的并由宪法性豁免向 82
个人作出保证的自由概念，这种理解也必定要支撑对与自由相伴的平等概念。各州在其管辖内不得对任何人否认“法律的同等保护”。[①] 从狭义上看，某些限制也许似乎会滋生不平等；但是从广义上看，这些限制也许同样可以视为“为最终确立双方地位的平等从而使自由契约得以开始之必需”。[②] 查芒特在《文艺复兴时期的自然法》[③]中对同样的观点作了清楚的表述，“如今有一种趋势认为，除了契约双方处于不仅是一种自由的而且是平等的关系外，没有什么契约是值得尊重的。如果一方无法抵抗或没有资源，被迫服从另一方的要求的话，那么这个结果就是对真正自由的压制”。[④]

根据所有这些，结果是宪法性豁免的内容并非持久不变，而是 83
随时代变化的。“一代代人的需求也许使一些在过去时代被视为无效和恣意的限制成为今天的绝对必要。”[⑤]“我们一定不能忘记，”用马歇尔的强劲有力的话语来说，“我们所解说的是一部宪法。”[⑥]制定法是设计用来对付眼前的临时性紧急事件。当这些紧急事件改变时，修改是容易的。在这类案件中，制定法一旦有了解说，其含义就趋向于将这种解说按照第一次确定的形式合法地予以定格。一部宪法所宣告的或应当宣告的规则并不是为了正在消

① 美国宪法第 14 修正案。

② Holmes, J.，反对意见，Coppage v. Kansas，236 U. S. 1，27。

③ Montpellier，*Coulet et fils*，éditeurs，1910 年。

④ Charmont，同前，第 172 页；英译见于 *Modern Legal Philosophy Series*，第 7 卷，第 110 页，第 83 节。（译者附注：书中引文原为法文，英译见之于原注。）

⑤ Klein v. Maravelas，219 N. Y. 383，386.

⑥ 参见，Frankfurter，同前；McCulloch v. Maryland，4 Wheat. 407。

逝的片刻，而是为了不断延展的未来。只要宪法背离了这个标准
84 而降落到细节和具体问题上，它就失去了其灵活性，解释的范围就缩小了，其含义就僵化了。只有它忠实于其职能，它才保持了它的变通力，它的适应性，它的作用。我认为，有意思的是要注意到这一点：即使在解释普通的制定法时，也有一些法学家，至少国外有，他们认为今天的含义并不总是等于明天的含义。“法国最高法院院长 M. 巴洛-博普雷几年前就解释说，拿破仑时代的立法规定已经通过‘从进化论的棱镜’作出的司法解释而顺应了现代的条件。他说，‘我们不追问什么是一个世纪前立法者的意愿，而是追问，假如他知道我们目前的状况，他会有什么意愿。’”①柯勒也这样说：“从所有这一切得出的结论就是，一个制定法的解释一定不必永远
85 保持相同。谈论什么某个排他性的正确解释，一个将从这个制定法的一开始到其结束都是正确的含义，这是彻底错误的。”②在英国法或美国法中，我认为，如果能发现这种将解释用于普通立法的例子，也一定罕见。我并不怀疑，它曾在昔日适用过，并且在未来将日益频繁地适用，以便确定各州和联邦宪法中宽泛的戒律和豁免的范围及含义。只要是有任何依据类似的纲要制定的制定法，我看不出有什么理由它不能用于这样的制定法。无论其结果是收

① Munroe Smith, *Jurisprudence*, 第 29、30 页；参见，Vander Eycken，同前，第 383、384 页；又请参见，Brütt，同前，第 62 页。

② Kohler, “Interpretation of Law,” 英译见于 *Modern Legal Philosophy Series*，第 9 卷，第 192 页；参见，胡伯教授关于德国法典的报告，引自 Gény, “Technic of Codes,” *Modern Legal Philosophy Series*，第 9 卷，第 548 页；又请参见，Gény, *Méthode et Sources en droit privé positif*，第 1 卷，第 273 页。

缩还是扩大，我们都应从“进化的棱镜”[①]来阅读这些法律。

在新近的一些制定法和司法决定中也许可以发现相反的例
证。很久以前，联邦最高法院曾认定立法机关有权控制和规制对 86
“某种公共用途”有影响的商业。[②] 如今，联邦最高法院又认定，当商业影响“某种公共利益”时，立法机关就享有类似的权力。[③] 火灾保险业已经被纳入这一范畴。[④] 下级法院的一个新近决定也已经将煤炭销售行业——当战争带来的战时紧急状态或混乱给不受限制的竞争秩序带来困难和压抑时——纳入同一范畴。[⑤] 在纽约，新近的住宅规制法[⑥]的倡导者们承认在类似的原则中找到了限制古老的财产权的正当理由。这些法律的某些方面是否会被法院认定走得太远？对此问题，我并不想提出任何建议。我所做的不过是指明这个问题的性质，以及这种处理方式的方法和精神。[⑦]

和自由一样，尽管依据美国宪法财产不允许受到侵害，但财产 87
并不能不受对共同福利至关重要的法律之规制。这个规制应当怎样，则一定要由每代人自己来制定。[⑧] 给了我们芒恩诉伊利诺伊

① Munroe Smith，同前。

② Munn v. Illinois，94 U. S. 113.

③ German Alliance Ins. Co. v. Kansas，233 U. S. 389.

④ German Alliance Ins. Co. v. Kansas，同前。

⑤ American Coal Mining Co. v. Coal & Food Commission，美国联邦地区法院，印第安纳州，1920 年 9 月 6 日。

⑥ L. 1920，第 942 至 953 章。

⑦ 写下这些讲稿之后，这些制定法都获得了法院认可：People ex rel. Burham Realty Co. v. La Fetra，230 N. Y. 429；Marcus Brown Holding Co. v. Feldman，256 U. S. 170。

⑧ Green v. Frazier，253 U. S. 233.

州(Munn v. Illinois,94 U. S. 113[1876])以及类似案件的决定的那一代人声称,只要是企业“影响了某种公共用途”,就有这种规制的权力。在适用中,这个短语所意味的不过是:任何时候,只要社会有紧急迫切的需要,法院就会这样说。对这一原则的这种阐述也许足以应付这个时代的某些紧急情况。如今,在政治和司法思想中有一种日益生长的趋势:要更深入地探讨这一原则并对这一原则做更宽泛的阐述。人们都在说,和其他各种社会制度一样,财
88 产制度也要履行一种社会的功能。那些破坏了这种制度的立法是一回事,而那些真实履行了其制度功能的立法又是另一回事。在欧洲大陆,在英国,甚至在美国,这是国际法专家和法学家的一个崭新且强劲有力的学派的一个主导旋律。在法国,人们也许会发现,狄骥在他的《拿破仑法典以来私法的总体转变》中对这一思想做出了更为有力、更具启发性的展开。[①] 这种对功能以及责任的新理解到底会在我们的法律中占据多大地盘?现在当然还不到谈论这一点的时候。也许我们最终会发现,这不过是给芒恩诉伊利诺斯州案的判决穿上了一种新的哲学外衣。我并不试图预测我们应当在多大程度上采纳它,甚至完全不声称我们应当采纳它。就我眼前的目的来说,强调一下新的时代和新的手段会要求有新的标准和新的规则,这就足够了。

因此,就规定个人豁免的限度以按照理性和正义来影响其判决而言,法院是自由的。这并不意味着在判断制定法是否合法时,

① 英译见 *Continental Legal History Series*,第 11 卷,第 74 页,第 6 节等;更为极端的观点,请看 R. H. Tawney,*The Acquistive Society*。

法院可以自由地以它们自己的关于理性和正义的观点来替代它们所服务的普通人的观点。法院的标准必须是一种客观的标准。在 89
这些问题上，真正作数的并不是那些我认为是正确的东西，而是那些我有理由认为其他有正常智力和良心的人都可能会合乎情理地认为是正确的东西。“尽管法院一定要行使自己的判断，但这决不意味着每个为法官认定是过分的、不符合明显的立法目的的立法或是基于法官不能赞同的某些道德观念之上的立法都是无效的。对于不同观点，对于本法院只能——如果还能的话——不完美地了解的各种可能的具体条件，必须给予相当程度的自由度。否则的话，一部宪法就不会像所有英语国家普遍理解的那样，仅仅体现了相对来说具有根本性的权利规则，而会成为某套具体的伦理观点或经济观点的支持者，因此绝不能被认为‘总是有效的、普遍有效的以及总体有效的’(*semper ubique et ab omnibus*)。”[①]这就像 90
法律中很常有的规定，“行为的标准是外部标准，并且不考虑有关的人的自身因素”。[②]“法律解释者，”布鲁特说，“首先一定要将他个人对政治价值和立法价值的评价放在一边，并且一定要努力在他面对的境况下以一种纯粹客观的精神来确定，社区内什么样的社会生活秩序最符合那个引出争议的法律本身的目标。”[③]确实有这样一些法律领域，那里有更为自由的范围进行主观想象。对于这些领域，我不想多谈。无论在其他一些领域个人性因素的范围有多大，它——如果有的话——都不应当影响对立法权限度的确

① Otis v. Parker, 187 U. S. 608.

② The Germanic, 196 U. S. 589, 596.

③ *Die Kunst der Rechtsanwendung*，第 57 页。

定。政府的一个部门不应当将自己的恰当与否的标准强加给政府的另一个部门。“必须记住，立法机关在重要的程度上和法院一样，都是人民的自由和福利的最终卫士。”[①]

91 一些批评我们的公法的人坚持认为，法院确定制定法侵犯个人自由之许可度的权力是一种应当取消的权力。[②] 因为这种权力既可能太大也可能太小。如果任其自由行使，如果它变成一种法官用来将个人的信仰和哲学强加给政府的其他部门的借口，如果它将立法都固定在 19 世纪甚或是 18 世纪的便利形式和限度之内，它就阻碍了进步，并会造成人们对法院的不信任和怀疑。而另一方面，如果对这种权力作广义的和可变动的意义上的解释（我认为这才是真的解释），如果——除非是制定法的专断和压制非常明显，因此大脑正常的普通人不可能合乎情理地得出相反结论——制定法都将得到法院的支持，这种监督权，有人说，也会有滥用的危险。“无疑会出现这样的时候，一个制定法是如此之压制人并且
92 荒谬，以至于在任何明智的政体之内都不可能有其存在的正当理由。”[③]这种时候也许真的会出现，但只是很少。立法机关会颁布一个——即使对之适用一个非常宽泛的标准也应受到谴责的法律，这种场合一定很少；并且，如果毫无顾忌、匆匆忙忙或是一时热情冲动时而会产生某些给个人或群体带来困难的法律，我们也许

① Missouri, K. &T. C. Co. v. May, 194 U. S. 267, 270; People v. Crane, 214 N. Y. 154, 173.

② 参见，Collins, *The 14th Amendment and the States*，第 158、166 页。

③ Learned Hand, “Due Process of Law and the Eight Hour Day,” *Harvard Law Review*，第 21 卷，第 495、508 页。

可以靠相继的立法机关来消除这种错误。这就是那些对现存制度
持批评态度的人们的论点。我自己的观点是，这种观点太少强调
那些“无法估量的因素”的价值了。对于这种从外部制约立法判断
的权力，不应当以计算这种权力行使的次数来衡量其效用。面对
机会主义的攻击、一时的便利、细小侵占的腐蚀以及对一般原则缺
乏耐心的人的轻蔑和嘲笑，自由和平等的伟大理想之所以得以保
存，就是因为它们被神圣地置于宪法之中，并将保护它们的任务神
圣地委托给一个维护它的机构。通过有意识的和下意识的影响， 93
这种限制性权力的出现，尽管背景散淡，却总是处于预备状态，它
趋向于使立法判断得以稳定和理性化，它向立法注入了原则的光
辉，使这一标准高高耸立，可以为那些必须进行这一竞赛并保持这
一信念的人们所看见。[①] 这并不意味着否认有这样的时候，司法
审查所起的作用可能是相反的。立法机关有时放弃了自己的责
任，而将这个责任传给了法院。这种危险与那种不受一切制约的
危险，即选举产生的、短期任职的公职官员独立了并且没有一种持
续的传统作为指导力量，这两者之间一定要保持均势。就总体来
说，我认为后一种危险更为可怕。如果一些伟大的公理可以违反
而不受惩罚，这些公理就会经常只是在口头上得到遵守，而口头遵 94
守又很容易变成无礼。并不是在立法机关超过了规定的裁量限度
的少数案件中，司法部门的制约力才显示出它的主要价值。相反，
我们将发现其主要价值在于使那些否则会被湮灭的理想发出声响
并能为人们听见，在于使这些理想获得持续的生命和表现，在于在

① 参见，Laski，*Authority in the Modern State*，第 62、63 页。

展开的选择限度内指引和指导选择。这一职能将使法院保持现在属于它们的那种权力，但这只有在司法权的行使伴随着对社会价值的洞见、并顺应变化着的社会需求时才有可能。

我现在转到另一个领域，在这个领域中，社会学方法的支配地位也许可以视为已经确定。有这样一些私法规则，它们在产生之际就受到公共政策的影响，而这种影响，并不只是悄无声息的或是汇同了其他力量的影响，而是公开宣布的，并且几乎——如果还不
95 是唯一的话——是独一无二的。这些公共政策，由于是由新的条件确定的，因此是可以变化的。我以一些现代的判决为例，这些决定曾放宽了普通法反对限制贸易之合同的规则。法院在这里允许自己有一种在其他许多普通法领域中它们也许不愿说出来的行动自由。华生伯爵在诺顿费尔特诉马克西姆（Nordenfeldt v. Maxim, Nordenfeldt Guns & Ammunition Co. L. R. 1894 App. Cas. 535，553）一案的决定将这个问题说得很明白："基于公共政策的一系列司法决定——无论发布这些决定的法官们是何等杰出——都不可能拥有与那些处理和阐述纯粹普通法原则的决定相同的约束性权威。由于时代前进了和一国的商业繁荣了，任何国家追求的、与其商业相关的并为促进其商业利益的政策进程都必定会经历各种变革和发展，而变革和发展的诸多原因完全与法院
96 的活动无关。在英国，至少塑造和确立国家政策是不受英国法庭管辖的。当如同目前这样的一个案件送到法院时，在我看来，法院的职能并不是必然接受那些100年前或150年前被认定为是政策规则的东西，而是要以一种为情况许可的、最接近精确的方式来确定，什么是适合目前时代的政策规则。一旦这一规则得以确定，拒

绝承认某个违背这一规则的、或者强制执行会给社区造成伤害的合同的效力就成了法院的义务”。在我们自己的某些法院，也可以发现一些决定表述了类似的思想。“一些起初基础坚实的专断规则因此已经修改，以服从已变化的条件，并且，一些支撑性原则被适用于现存的商业活动方法。大多数美国法院的趋势都朝着这同一个方向。”[1]我想，从这些法院对待工会活动的态度中，我们也许可以找出类似的发展痕迹。先前那代人对工会的疑心甚至敌视在司法决定中得到了反映，而一种正在变化着的对于某些社会价值的理解已经使得这些决定必须重新予以塑造。[2] 那种旧观点的某 97
些残迹存活下来了，但它们也仅仅是残迹而已。这是一个法律仍在制作中或更准确地说也许是在重新制作中的领域。我们不可能怀疑，它的新形式将带着那些正在涌现的、现在甚至想要获得承认和想要获得权力的社会需要的印记。

① Knowlton, J.，见于 Anchor Electric Co. v. Hawkes, 171 Mass. 101, 104。

② 参见，Laski, *Authority in the Modern State*，第 39 页。

98

第三讲　社会学方法。法官作为立法者

我选择了这些法律部门，仅仅是作为法院运用社会学方法的明显例证。但真相是，无论在哪个部门，这种方法都硕果累累。即使看起来它不占主导地位，也总是留作备用。它是另外两种方法之间的仲裁者，分析到最后，要由它决定选择什么方法；它掂量相互竞争的两种方法的主张，为它们的权利设定边界，对它们加以平衡、和缓和协调。在我们的时代，只有很少的规则非常确定，不至于某一天会要它们出来证明自身作为顺应某个目的之手段而存在的正当性。如果它们不起作用了，它们就是不健全了；如果它们不健全了，就一定不会再自我繁殖。有时它们被切除了，并被彻底根
99 除了。有时，它们被保留下来，像幽灵那样继续活着，但已经绝育，被阉割了，没有可能造成危害了。

在处理有关受益者依据合同获取利益之权利的一些案件中，我们获得一个突出的实例。它首先说明了逻辑上前后一致的力量；其次说明了逻辑的一贯性在孤立或例外事件中所要求的可行和便利面前逐渐瓦解；最后，它说明了这些例外事件作为一个新种群所具有的生成力。英格兰的法律在逻辑上一直保持了一贯性，完全拒绝这种案件的诉权。纽约和大多数州屈从了便利的要求并

实施了这种诉权，但最初也只是偶尔地，并且受到许多限制。渐渐地，这种例外扩大了，今天这种例外给规则留下的地盘已经所剩无几。[1] 这个规则得以存活主要是在这样一种案件中，即如果将该诉权延伸到并非缔约方的其他人就会使契约意图受损或很不便利。[2] 在效用和正义的缓慢但坚定且具有侵蚀性的行动面前，从 100
先前对合同和债的既定理解经过逻辑演绎过程所推出的一些规则已经破碎了。[3]

在其他领域我们也看到了同样的过程在发挥作用。在解释合同时，如果与合同的精神有冲突，我们已不再过分细致地执著于法律的文字。如果我们以"一种有责任感的本能"发现合同表述不完善，我们就会从合同中读出隐含之义。"当年，语词的精确是至高无上的法宝，每一次失足都可能丧命，而如今，法律已经走过了它形式主义的初级阶段。"[4]也许是在程序领域内，我们亲眼目睹了主要的一些变化，尽管还必须作出努力才会有更为重大的变化。如今人们看待起诉指控和民事答辩的目光变得更为宽容。法院日益频繁地认定有关证据问题的判决属于主持审判的法官的裁量权之内。如果推翻判决会导致重新审判的大麻烦，那么差错就不再是推翻判决的理由，除非是上诉法院认定这种差错已经影响了判决结果。立法有时已经成为使我们挣脱旧束缚的必须。有时，法 101

① Seaver v. Ransom, 224 N. Y. 233.

② Fosmire v. National Surety Co., 229 N. Y. 44.

③ 参见，Duguit，同前；*Continental Legal History Series*，第 11 卷，第 120 页，第 36 节。

④ Wood v. Duff Gordon, 222N. Y. 88.

官们的保守性在一定时间内有剥夺立法之效率的危险。[1] 这种危险表现为在一些从业法典初次颁布之时法官对待这些改革的态度。[2] 那些年代确立的某些先例，甚至直到今天，仍然起着令人不快的影响。尽管如此，今天的趋势却正在向自由主义不断增长的方向发展。那种新的精神正渐渐地开辟出自己的道路；它的进步，尽管是不为人所注意的一步步，然而，当我们回头展望，就看出它所穿越的距离。旧的形式依然存在，但它们已经充满了新的内容。我们已经摆脱了埃利希所说的那种“竞赛式的和数学式的辩
102 白”，[3]即把一个诉讼理解为一个数学问题或一种运动员的游戏。我们国家的威格摩尔做了大量工作，使得这种概念不再合乎时宜。[4] 我们如今正在思考的是法律所服务的目的，正在使法律的规则适合于这一服务工作。

将法律的目的理解为如何决定法律生长的方向，这是耶林对法学理论的重大贡献[5]，从社会学的方法中，这种理解找到了它的研究方法和研究工具。主要的问题并不是法律的起源，而是法律的目标。如果根本不知道道路会导向何方，我们就不可能智慧地

---

① Kelso v. Ellis，224 N. Y. 528，536，537；California Packing Co. v. Kelly S. & D. Co.，228 N. Y. 49.

② Pound，“Common Law and Legislation，” *Harvard Law Review*，第 21 卷，第 383、387 页。

③ Ehrlich，*Die Juristische Logik*，第 295 页；参见，294、296 页。

④ 请看他关于证据的论著中的许多论述。

⑤ Jhering，“Zweck im Recht，” *Modern Legal Philosophy Series*，第 5 卷；又请看，Gény，前引著作，第 1 卷，第 8 页；Pound，“Scope and Purpose of Sociological Jurisprudence，” *Harvard Law Review*，第 25 卷，第 140、141、145 页；Pound，“Mechanical Jurisprudence，” *Columbia Law Review*，第 8 卷，第 603、610 页。

选择路径。对于自己的职能，法官在心目中一定要总是保持这种
目的论的理解。当然，这就意味着，普通法的法律哲学说到底就是
实用主义的哲学。[①] 它的真理是相对的，而不是绝对的。那些作 103
用良好的规则会获得一个为人们承认的权利证书。只是在决定它
应如何发挥作用时，我们一定不要过分狭隘地看待它。我们一定
不能为了个别而牺牲了一般。我们一定不能为在个别案件中实现
正义而完全不顾前后一致和齐一性（uniformity）的长处。[②] 我们
必须保持在普通法的空隙界限之内来进行法官实施的创新，这些
界限是多少世纪以来的先例、习惯和法官其他长期、沉默的以及几
乎是无法界定的实践所确定下来的。但是在这些确定了的界限之
内，在选择的活动范围之内，最后的选择原则对法官与对立法者是
一样的，这就是适合目的的原则。“目的是内在的生活和被掩盖的
灵魂，但它却是一切权利的源泉（Le but est la vie interne，l'ame
cachee，mais generatrice，de tous lesdroits.）。”[③]我们并不是像从 104
树上摘取成熟的果子那样摘取我们的成熟的法律规则。每个法官
在参考自己的经验时，都必须意识到这种时刻：在推进共同之善的
目的指导下，一个创造性活动会产生某个规则，而就在这自由行使
意志之际决定了这一规则的形式和发展趋势。萨维尼将法律理解
为某种无须斗争、目标或目的就能实现的东西，理解为一个沉寂的
生长过程，是一个民族的历史及其天才的生活和习惯的结果，他给

① Pound，“Mechanical Jurisprudence，”*Columbia Law Review*，第 8 卷，第 603、609 页。

② 参见，Brütt，前注，第 161、163 页。

③ Saleilles，*De la Personnalité Juridique*，第 497 页。

我们的是一幅不完整的并且有偏颇的图画。如果我们将萨维尼的话理解为,法官在塑造法律规则时必须注意他所处时代的习俗,那么确实如此。但如果此话所隐含的是,法官所处时代的习俗会自动塑造那些前辈传承给法官的成熟且现成的规则,那么此话就是片面的,并且是虚假的。[①] 这就是将法律规范同法律原则混淆了,就是将 *Entscheidungsnormen* 同 *Rechtssatze* 混淆了。[②] 法律确实是一种历史的衍生物,因为它是习惯性道德的表现,而习惯性道德
105 从一个时代到另一时代的发展是悄无声息的,且无人意识到的。这是萨维尼的法律起源理论中的伟大真理。但是,法律又是一种有意识的和有目的的生成物,因为,除非是法官心中想追求合乎道德的目的并将之体现为法律形式的话,习惯性道德得以表现就是虚假的。[③] 如果要实现期待的目的,不作有意的努力是不行的。法官将从社区生活中发现衡量效用和评价道德的标准和格局,立法者也会以同样的方式发现。然而,这并不意味,一个机构的作品比另一个机构的作品更像自然之形式的一个复制品。

外国法学家当中一直有很多争论,即法官是否应当依据一种客观的或主观的标准来发现正确有用的行为规范,来发现社会福利的格局。思想对立的流派为各自的观点展开了论战。[④] 有时,

---

① 参见,Ehrlich,"Grundlegung der Soziologie des Rechts,"第 366、368 页;Pound,"Courts and Legislation," *Modern Legal Philosophy Series*,第 9 卷,第 212 页;Gray,"Nature and Sources of Law,"第 628、650 节;Vinogradoff,"Outlines of Historical Jurisprudence,"第 135 页。

② Ehrlich,同上。

③ 参见,Gény,前引著作,第 1 卷。

④ 对此的一个明晰且有趣的概述,请看,Brütt,同前,第 101 页以下;参见,Gény,前引著作,第 1 卷,第 221 页;并对照参看,Flavius,前引著作,第 87 页。

这一争论似乎仅仅是围绕着语词的使用。然而，就有实际意义的
分歧而言，我们的法理学传统要求我们使用客观标准。当然，我不 106
是说，曾有过什么时候会完美地达到这种理想的客观标准。我们不可能超越本我(*ego*)的限制而看清任何事物的本来面目。尽管如此，这却是一个在我们的能力限度之内应当努力争取的理想。当这一真理为人们清楚理解时，它趋于将法官的职能统一起来。法官依据理性和正义而宣告法律的义务，这被视为是他依据习惯宣告法律的义务的一个阶段。通过他的命令，他所要实施的是正常男人和女人的习惯性道德。一种法学，如果不是不断与一些客观的或外在的标准相联系，就会引出衰退为德国人称之为"情感法学"(Die Gefuhlsjuruisprudenz)——一种仅仅是情感或感觉的法
学[①]——的危险。斯塔姆勒说，一个司法判决"应当是一个客观上 107
正确的判决，并且没有主观和随意的看法；是一个裁断而不只是一个个人性的命令(fiat)"。当人们说到一个司法判决时就像戏剧《维罗纳的两位绅士》(第一幕第二场)中所说的那样：

> "除了一个女人的理智外，我什么也没有；
> 我之所以认为他如此，是因为我认为他这样。"[②]

这个案件就出了大问题。

有些杰出学者则主张一个更为主观的标准。"我们都认为，"

① Brütt，前引著作，第101—111页。

② Stammler，"Richtiges Recht，"第162节，引自Brütt，前引著作，第104页。

格雷教授说，[①]“许多案件应当由法院依据正确与错误的观念来决断，并且每个人当然都会同意一个法官有可能分享他所生活的社区中通行的正确与错误的观念；但是，假定有个案件，除了正确与错误的观念外没有其他什么来指导法官，而他的正确与错误的观念又不同于这个社区的观念，那么他应当遵循哪一种观念呢，是他
108 自己的观念还是这个社区的观念？卡特先生的理论（《法律的起源和渊源》，J. C. 卡特）要求法官必须遵循该社区的观念。我认为他应当遵循他自己的观念。”格雷教授向我们提出的这个假说，在实践中是不大可能出现的。有关正确行为的观念有冲突，且又不存在其他因素打破这种对峙，这种案件如果有，也一定非常罕见。然而，如果假定这里就有这样一个案件，我认为，一个法官如果打算将他自己行为癖好或信仰癖好作为一个生活规则强加给这个社区的话，那么他就错了。为了说明这个问题，让我们假定有这样一个法官，他认为上剧院看戏是一种罪孽。在这个法律规则尚未确立的领域，如果他允许自己的这一确信——尽管他知道这与占主导地位的、关于正确行为的标准相冲突——来支配他的决定，难道这种做法是正确的吗？我自己的观点是，他有义务服从人们已经接受的这个社区的标准，服从这个时期的道德风气。然而，这并不意味在提高通行的行为水准上，法官是无能为力的。在这样或那样
109 的活动领域内，都可能会生长出与一个时代的情感和标准相对立的做法，如果不将其驱逐，它就有盘根错节的危险。尽管这些做法一时挺有地盘，但与已为人们接受的道德规范相比，它们不能持

① *Nature and Sources of Law*，第 610 节。

久。懒惰和消极已经容忍了一些为社区的周密判断所谴责的做法。在这类案件中,法官的最高职能之一就是要在行为和职业之间建立真正的关系。说起来有点自相矛盾的是,甚至会有这样一些时候,只有采用一个主观性的尺度才能满足某些客观标准的要求。生活中有些关系所要求的义务,就是仅仅按照当代道德来行为。在这些关系中,当代道德对法官来说就一定是唯一的标准。在当代道德所表现的并不是一些道德感很强者(sensitive souls)的道德的时候,人们不得不遵循的公理就经常是“货物出门,概不退换”(*Caveat emptor*)。生活中的其他一些关系,例如委托人与收益人之间的或者被担保人和担保人之间的关系,也要求有一种义务,即按照一个良心最精细、最有荣誉感的人会对自己要求的最 110
高标准来行为。在这些案件中,强制遵从这些标准就成为法官的义务。当案件发生时,这些新出现的情况究竟应当归于这类关系还是另一类关系,法官作决定时必须考虑到类推、便利、得当和正义。

在那些法官并不为既成规则所限定的领域内,如同我说过的,真实情况实际是,主观或个人良知与客观或一般良知之间的区别是模糊且纤弱的,并且倾向于变成仅仅是语词上的区别。对于辩者和哲学家来说,这有其玄思之意趣。但是,在实际的司法实践中,对法官来说,这种区分很少具有决定性意义。客观权利理论的最坚定主张者布鲁特就承认这一点。[1] 对这种客观权利的洞察总是染有主观心灵的色彩;主观心灵的结论也总是染有习惯的做法

① *Nature and Source of Law*,第 139 页。

111 和客观化的信仰的色彩。在外部因素和内部因素之间，有不断的和精妙的互动。一方面，我们也许会赞同塔德和他的学派，即一切社会创新都来自“通过模仿得以传播的个体的创造”，[①]或另一方面，我们也许会赞同迪尔凯姆和他的学派，即所有这类创新都来自“社会心灵的活动”。[②] 在这两种观点中，无论这种冲动的传播是来自个体还是来自社会，是来自内部还是来自外部，部分和总体都不可能各自独立地起作用。个人的和总体的心灵和意志都是不可分离地联结为一体的。无论流行的是这种司法义务理论还是那种理论，其差异所涉及的最多也只是着重点、处理方法、观点以及想问题的角度上的些许变化。这种差异，只是微弱地并且是通过一种下意识的或近乎下意识的影响力，才反映在法院的决定之中。

112 这样，我对司法过程的分析所得出的就仅仅是这样一个结论：逻辑、历史、习惯、效用以及为人们接受的正确行为的标准是一些独自或共同影响法律进步的力量。在某个具体案件中，哪种力量将起支配作用，这在很大程度上必定取决于将因此得以推进或损害的诸多社会利益的相对重要性或相对价值。[③] 最基本的社会利益之一就是法律应当统一并且无偏私。在法院的活动中，一定不能有偏见或偏好，一定不能有专断任性或间歇不定。因此，在这里主要应当是遵循先例。这里应当有对称的发展，当历史或习惯是

① Barnes, “Durkheim's Political Theory,” *Political Science Quarterly*, 第 35 卷，第 239 页。

② Barnes，前引著作，第 35 卷，第 239 页；参见，Barker, “Political Thought from Spencer to Today,” 第 151、153、175 页。

③ Vander Eychen, “Méthode Positive de l'Interprétation Juridique,” 第 59 页；Ehrlich, “Die juristische Logik,” 第 187 页。

影响现成规则的推动力或主要推动力时，要与历史或习惯保持一
致，而当逻辑或哲学是推动力时，就要与逻辑或哲学保持一致。但 113
是，要实现对称的发展也许代价会太高。当一致性变成压迫的一致性时，一致性就不再是好东西了。这时，对称性或确定性所服务的社会利益就一定要通过衡平和公道或其他社会福利的因素所服务的社会利益来保持平衡。这些利益也许会责成法官从另一角度来确定界线，责成他沿着新进程标出路径，责成他标出新的起点并使追随他的后来者从这里开始他们的征程。

如果你们要问，法官将何以得知什么时候一种利益已超过了另一种利益，我只能回答，他必须像立法者那样从经验、研究和反思中获取他的知识；简言之，就是从生活本身获取。事实上，这就是立法者的工作和法官的工作相接的触点。方法的选择，价值的评估，最终都必须以类似的、用以支持不同方法和价值的考虑因素作为指南。实际上，每个法官都在他的能力限度内进行立法。无
疑，对法官来说，这些限度都比较局促。他只是在空白处立法，他 114
填补着法律中的空缺地带。他可以走多远，并且不越出这些空缺，这都不能在一张图表上为他标示出来。他必须自己学会这一点，就如同从多年的某种艺术实践的习惯中他获取了什么才算得体和什么才算比例匀称的感觉一样。甚至就是在这些空白之内，某些难以界定而只能为各个法官和律师感觉到的限制——而不论它们是何等难以捉摸——都在妨碍和限定他的活动。这些限制是由多少世纪的传统建立起来的，是其他法官——他的前辈和同事——的范例建立起来的，是这一行当的集体判断建立起来的，以及，是

由遵从通行的法律精神的义务建立起来的。“他可以干预，”查芒说，[①]“但只是对正式权威的补充，并且，即使在这一领域内，在既成的法律规则之中，对他的裁量也有限制。他既不能限制我们司
115 法组织的一般原则——无论是明确的还是默示的——的适用范围，他也不能通过引入某些延滞、某些程式或某些公开的规则来制定支配特定权利行使的细则。”[②]尽管如此，在这些空缺地带的一些限制之内，在先例和传统的诸多限制之内，会有一些自由选择，使这种选择活动打上了创造性的印记。作为它所导致的产品，这个法律就不是发现的，而是制作的。这个过程由于是立法性的，就要求有立法者的智慧。

116 事实上，在这种关于司法职能的观点中，并没有什么革命性的甚或是新颖的东西。[③] 这就是在普通法的发展中几个世纪以来法院从事它们的事务的方式。不同时代的差异在很大程度上并不在于认可这种需求，即法律要使自身服从一个目的，毋宁说，是由于这一目的的性质，法律需要服从它。曾经有这样一些时期，齐一

① “La Renaissance du droit naturel,”第 181 页。

② Charmont，同前，*Modern Legal Philosophy Series*，第 7 卷，第 120 页，第 91 节（书中的引文原为法文。——中译者）。参见，Jhering，“Law as a Means to an End”（*Modern Legal Philosophy Series*，第 5 卷：W. M. Geldart 的导论，第 xlvi 页）：“法律的诸多目的体现在法律的诸多概念中，它们必须独立发展，不能每一步都应召来符合一些具体的需求。否则的话，就无法获得其系统性和确定性。但是法律的这种自主性，如果只是由于过分的逻辑或逻辑的欠缺，会导致法律与生活需要之间的一种背离，这种背离会不时要求予以纠正……司法决定或法律理论的发展究竟可以或应当在多大程度上贯彻这些非常急需的变化，以及在多大程度上要求立法者的干预，这个问题将根据人们接受的关于先例的约束力、制定法的特点以及司法解释的或大或小的自由度的传统在不同的法律管辖地区内而发生变化”。

③ 参见，Berolzheimer，*Modern Legal Philosophy Series*，第 9 卷，第 167、168 页。

性、甚至僵滞，即排除个人性的因素，被感受为最高的需求。[①] 由于某种悖论，为这一目的最好服务是不考虑目的而仅仅考虑手段。逐渐地，对一种更为灵活的体制的需求会自我表现出来。由于拟制这种善意的错误，旧规则和新规则之间的鸿沟常常得以跨越。[②]
在此，令我们关注的事情是，只要当目的的重要性居于支配地位就 117
会有这种跨越。今天，拟制已经不大使用了；而一旦拟制被掩藏起来，司法活动的原动力也就被封闭了。然而，即使如今，拟制甚至也并不为那些控制拟制的人们完全了解。这一过程在很大程度上是无意识的，或者几乎是无意识的。那些法院自我谈论的目的，那些指导法院的理由和动机，常常只是为人们含混地感知，直觉地或者几乎是直觉地把握，而很少有明确的表述。这里很少有细心的内省、解剖、分析和哲学思考。结果是出现了这样一个混合物，人们不了解或忘记了它的成分。这就是为什么人们发现法律复合体
的现状是由立法性政策构成时。会感到某种震惊。“我们并没有 118
意识到，”霍姆斯说道，[③]“只要公众的思维习惯有些许变化，我们的法律就有多大部分可以重新加以考虑。没有什么具体的命题是

① Flavius，同上，第 49 页；Pollock and Maitland，*History of English Law*，第 2 卷，第 561 页。

② Smith，“Surviving Fictions，” *Yale L. J.*，第 27 卷，第 147、317 页；Ehrlich，同前，第 227、228 页；Saleilles，“De la Personnalité Juridique，”第 382 页。

“Lorsque la loi sanctionne certains rapports juridiques，a l’exclusion de tels autres qui en différent，il arrive，pour tels ou tels rapports de droit plus ou moins similaires auxquels on sent le besoin d’étendre la protection légale，que l’on est tenté de procéder，soit par analogie，soit par fiction. La fiction est une analogie un peu amplifiée，ou plutôt non dissimulée.”——Saleilles，同上。

③ “The Path of the Law，” *Harvard L. R.*，第 10 卷，第 466 页。

不证自明的，不论我们可能是何等地愿意接受它，即使是赫伯特·斯宾塞先生的命题——每个人都有权按照他自己的意志行事，只要他不干涉他的邻居一方的类似权利——也是如此。”他继续问道，“如果在提供关于某个仆人的信息时真诚地提出了一个不真实的且具伤害性的陈述，为什么这种陈述享有特权？这是因为人们认为信息自由表达非常重要，比起应保护一个人不受这种伤害更为重要，而在其他情况下这种伤害则会是一种可以提出诉讼的过错。为什么一个人可以自由从事他知道将会使他的邻居破产的职业？这是因为人们认定自由竞争对公共之善最为有益。很明显，这类关于相对重要性的判断可能会随不同时间和地点而发生变化……我想，法官他们自己未能充分承认他们有
119 义务掂量社会利益的诸多考虑因素。这种义务是无法逃避的，并且由于司法常常宣告自己厌恶处理这类考虑因素，其结果只是对这些决定的根本基础和基石不置一词，并且经常是无意识的，如同我说过的那样。”

不仅在我们的普通法体系中这种观点已经为人们接受。甚至在其他法系中——那里的司法创制权受到制定法更为严密的限制——也听到了类似的发展。四下里，如今都在更多强调法官的职能和立法者的职能之间的类似。我可以举弗朗索瓦·热尼为例，他大胆地并具有提示性地提出了这一类比。[①]“先验地看，”他说，“法官在发现法律时必须进行的研究过程（*la recherche*）在我
120 们看来与立法者自身职责所要求的研究过程非常类似。除了这一

① *The Path of the Law*，第2卷，第77页。

情况外，当然，这是不可忽略然而又是第二等重要的情况，这一过
程是由某些具体境况启动的，并且，为了使法律顺应这一具体境
况，那些应当指导法律的考虑因素——就预期获得的最终目的而
言——与那些应当支配立法活动的因素在性质上完全相同，因为
这里的问题都是如何在每个案件中尽其可能地通过一个恰当的规
则来满足正义和社会效用的要求。因此，在正式的法律渊源沉默
无言或不充分时，我会毫不迟疑地指示以下面的话作为法官的基
本指导路线：他应当服从当立法者自己来管制这个问题时将会有
的目标，并以此来塑造他的法律判决。尽管如此，这里有一个重要
的区分司法活动和立法活动的界线。这就是，立法者在估量总体
境况时不为任何限制所约束，他对境况的规制方式完全是抽象的，
而法官在作出决定时所看到的是具体的案件，并且参照了一些绝
对实在的问题，他应当遵循我们的现代组织的精神，并且，为了摆 121
脱危险的恣意行为，他应当尽可能地使自己从每一种个人性的或
其他产生于他所面临的特殊境况的影响中解脱出来，并将他的司
法决定基于具有一种客观性质的某些因素之上。这就是为什么，
他的恰当活动在我看来可以被正当地称之为：自由的科学研究，
libre recherche scientifique；它是自由的，是因为在这里它摆脱了
实在权威的活动；同时，它又是科学的，因为它能在独有科学才能
揭示的那些客观因素之中发现自己的坚实基础。”[①]

范德·艾肯[②]在他的《解释法学的实证方法》[③]一书中已经令

① Ehrlich 对此有同样的看法，见，“Die juristsche Logik,”第 312 页。

② 布鲁塞尔大学教授。

③ 第 401 页，第 239 节。

人钦佩地表述了这种现代观点的理由：先前，人们将法律视为立法
122 者的自觉意志的产物。今天，他们在法律中看到一种自然的力量。然而，如果我们可以给法律加上“自然的”这样一个形容词，如同我们已经说过的那样，这个词的意义与先前附加在“自然法”上那种表述的意义是不同的。后一种表述在那时意味的是自然在我们身上打下了——作为理性的根本要素之一——它的某些原则的印记，法典中的所有条款都不过是这些原则的运用。而在今天，这种同样的表述应当是说，法律产生于存在于事物之间的事实的一些关系。和这些关系本身一样，自然的法律也处于永恒不断的新生之中。我们不再必须从理性推演出来的文本或体系之中，而是从社会效用中，从某些后果会追随某些假定而来的必然性中来寻找法律的渊源。立法者对这样的法律只有一些零碎的自觉；他通过他所规定的规则将之翻译过来。而当问题是如何确定这些规则的含义之际，我们又应当向何处寻求含义呢？规制的含义体现在它
123 们的渊源中，这就是说，体现在社会生活的迫切需要之中。这里有发现法律含义的最强可能性。同样，当需要填补法律的空白之际，我们应当向它寻求解决办法的对象并不是逻辑演绎，而更多是社会需求。

在普通法的发展进程中，许多空白已经通过借鉴其他法系而得到了填补。在我们的法学中，全部的权利资格都是从罗马法中搬用的。我们的一些最伟大的法官，英格兰的曼斯菲尔德，美国的肯特和斯托里，从来都是不厌其烦地引证《学说汇纂》来支持他们的判决。如果我们打算估量罗马法在多大程度上修正了英国的普

通法或我们的普通法，[①]我们就会远远背离现在讨论的题目。罗马法从来也不曾具有权威性。罗马法继受的伟大历史运动也并没有触及英伦三岛。[②] 但是，它提供了一些类比，提出了一些思路，为一些否则的话就无法解决的问题提供了一些明智的解决办法。尽管如此，外国法系的功能一直都是建议性的，而不是命令性的。124
它并没有提供新的方法。它只是提供了一些新的材料，我们先前考察过的那些方法——哲学的、历史的和社会学的方法——将在塑造它们的产品的过程中利用这些材料。它仅仅是社会经验、真理和智慧这个伟大宝藏中的一个库房，普通法的法官们必须从中汲取他们的启示和他们的知识。

我承认，与宣告法律的权力相伴的就是——在法律不存在之际，并在法官义务的限度之内——制定法律的权力；我承认这一点，却并不打算与那些似乎认为实际上并不存在法律而只有法院决定的法学家们共伍。我认为真理是处在这样两个极端之间，一端以柯克、黑尔和布莱克斯东为代表，而另一端是以奥斯丁、霍兰 125
德、格雷和杰思罗·布朗这样的作者为代表。比较早的作者们的理论是，法官完全不立法。一个先前的既成规则就在那里，埋藏在或者是掩藏在习惯法的机体之中。法官所做的一切就是剥开其外衣，在我们的眼前展示它的身姿。[③] 自边沁和奥斯丁以来，人们认

① 关于这一题目，请看 Sherman，"Roman Law in the Modern World"；Scrutton，"Roman Law Influence，"*Select Essays in Anglo-American Legal History*，第 1 卷，第 208 页。

② Pollock and Maitland，*History of English Law*，第 1 卷，第 88、114 页；Maitland，"Introduction to Gierke，"同前，第 xii 页。

③ 参见，Pound，*Harvard Law Review*，第 27 卷，第 731、733 页。

为已经无人毫无削减或毫无保留地接受这一理论了，尽管甚至在现代的法律决定中我们仍然可以发现其影响绵延不绝的踪迹。今天，却有另一种危险，尽管这种错误来自相反的方向。信仰奥斯丁式分析的人们有时已经从法律从来也不是法官制定的这种观点导致了这样一个结论，即法律从来也不是任何其他人制定的。他们说，无论习惯是何等坚实地确立下来了，但如果不为法院所采用，它都不是法律。[1] 甚至制定法也不是法律，因为必须由法院来确
126 定其含义。这就是格雷在他的《法律的性质和渊源》一书中的观点。[2] “我所认同的真实的观点是，”他说，“法律就是法官所宣布的东西；制定法、先例、博学专家的意见、习惯和道德都只是法律的渊源。”[3]因此，杰思罗·布朗在一篇题名《法律与进化》[4]的论文中告诉我们，一个制定法只有在法院解释（construe）之后才成为真正的法律。制定法只是“表面的”法律，而真正的法律，他说，除了在一个法院的判决中，不可能在任何其他地方发现。按照这种观点，甚至昔日的司法决定也不是法律，因为法院可以推翻它们。依据同样的理由，除了对诉讼双方之外，当今的司法决定也不是法律。人们一天天地从事他们的事务，以一种虚幻的目标制约着他们的行为。为他们所顺从的规则事实上根本就不是法律。法律从来也不是固定的（is），而总是在流变的（about to be）。只有当体现

① Austin, *Jurisprudence*，第 1 卷，第 37、104 页；Holland, *Jurisprudence*，第 54 页；W. Jethro Brown, *The Austinian Theory of Law*，第 311 页。

② 参见，Gray, *Nature and Sources of Law*，第 602 节。

③ 同上，第 276、366、369 节。

④ *Yale Law Journal*，第 29 卷，第 394 页。

在一个判决之际它才得以实现，并且，就在实现之际它也就过期了。从来也没有什么规则或原则之类的东西，世界上有的只是一些孤零零的判决。

这样一个法律定义实际上否认了法律存在的可能性，因为它
否认了存在一些普遍运作的规则的可能性；[1]这样一个定义本身 127
必定蕴含了荒谬和错误的种子。如果一种分析毁灭了其意图解释的东西，这种分析就毫无用处。法律和服从法律是为我们每一天的生活经验所肯定的事实。如果一个定义的结果只是使法律看上去是一种虚幻，那么这个定义就太糟糕了；我们就必须扩大它，直至它足够宽泛，足以回应现实。当生活的显著的真实、社会的伟大且未加置疑的现象不符合我们的小小模式之际，它们并不会如同一些神秘莫测的现象那样被争辩完结。如果必要，我们就一定要修改我们的模式。我们必须寻求一个可以当作真的而为现实主义接受的法律概念。当制定法的含义可疑或含混之际，它并不因为确定其含义的权力被赋予了法院就不再是法律了。人们也完全可以以同样的理由说，作为一种契约意志的表现，合同并没有任何实
在的东西。一切长期得到确认的先例，都并不因为法院有时行使 128
了特权，推翻了自己的决定，就失去了法律的品质。在我看来，这些都是现实主义感引导我们必定得出的结论。无疑，确实有那么一个地带，在那里司法判决的变动不受既定原则的限制。制定法、先例、习惯或社会习俗的含混不清，或者它们的某些部分或所有部分之间有冲突，这些会使法律不确定并要求法院承担起一种责任，

[1] 参见，Beale，*Conflict of Laws*，第153页，第129节。

即运用一种在职能上显然是立法性的权力来溯及既往地宣告法律。在这种情况下,争议的所有各方可能做的就是尽可能地预测这一规则的宣告,并据此来约束他们自己。我们一定不能让这些偶然且相对罕见的事件蒙住了我们的眼睛,看不见有无数事件既不是含混不清,也没有冲突,更没有机会得出有分歧的判决。我们大多数人的生活都清醒地服从着法律的规则,而无需诉诸法院来确定我们的权利和义务。对于绝大多数人来说,法律诉讼都是罕事,是灾难性的经历,并且,即使发生了这样的灾难,最经常与争议
129 相连的也不是法律,而是事实。在无数的诉讼中,法律都是非常清楚的,法官也没有什么裁量。他们的确有权在空白之处立法,但那里常常没有空白。如果我们只是盯着那些荒芜地带,而不愿看一看那些早已播种且硕果累累的土地,那么我们就会有一个错误的全景图。我认为,这种难题的起点在于未能区分权利和权力,没有区分体现在一个判决中的命令和法官应当服从的司法原则。不错,法官有权力——但不是权利——忽视一个制定法的命令,并不顾这些命令而作出判决。他们也有权力——但也不是权利——越出空隙之边界,越出先例和习惯为司法创新所设定的边界。尽管如此,如果滥用了这种权力,他们也就违反了法律。如果他们是恶意违反,也就是说有问心有愧的邪恶意图,那么他们就铸成了法律
130 上的过错,他们也许会被撤职或受到处罚,即使他们所作出的判决仍然成立。一言以蔽之,存在着这样一些司法原则,它们限制了法官的自由,[①]并且,事实上——在某些我们无需表示认同的作者眼

---

① Salmond, *Jurisprudence*,第 157 页;Sadler,"*Relation of Law to Custom*,"第 4、6、50 页;F. A. Geer, *L. Q. R.*,第 9 卷,第 153 页。

中——也就限制了国家自身的自由。[①] 对于无数人类个体来说，他们无需卷入那个法律可能被误解——除非伴随这种误解的确实是有意滥用权力——的领地，也许就可以度过人生，也许就可以有序地行为；并且，事实上，人生和行为也**就是**这样度过和有序的。他们的行为从来也没有触及那个使争议得以发生的边界地区，那个模糊地带。他们活着，从出生到辞世，在每一个人生的转折处，他们的活动都为国家的权力制约着，并且，他们也一次都没有请求法官来标记出正确与错误的界线。我不能说这些对人类命运行使着强制力的规则并非法律。[②]

陈旧的布莱克斯东的理论认为，法官是在发现先前即已存在的法律规则，而不是在制定规则；这种理论是与一种更为古老的理 131
论——自然法的理论——相吻合的。在法学和政治科学的历史上，这种理论的发展构成了漫长且有意思的一章。[③] 斯多噶学派使这种学说发展到了其最高点，多少世纪来，它在不同历史阶段中一直持续着；它将自身深深埋藏在通常的言语和思想形式中，并对人们关于治国术和法律的思考和理想有深厚的影响。由于分析法学派的兴起并占据了支配地位，它曾经一度似乎名声不佳，并为人

① Duguit, "Law and the State," *Harvard L. R.*，第 9 卷，第 1 页，Vinogradoff, "The Crisis of Modern Jurisprudence," *Yale L. J.*，第 29 卷，第 312 页；Laski, *Authority in the Modern State*，第 41、42 页。

② "法律是一些普遍原则和特殊规则的整体，依据这些规则和原则，民事权利得以创立并得以规制，不公得以防止或补救。"(Beale, *Conflict of Laws*，第 132 页，第 114 节。)

③ Salmond, "The Law of Nature," *L. Q. R.*，第 11 卷，第 121 页；Pollock, "The History of the Law of Nature," *Columbia L. R.*，第 1 卷，第 11 页；Lowell, *The Government of England*，第 2 卷，第 477、478 页；Maitland, *Collected Papers*，第 23 页。

们所抛弃。[①] 但是，新近的法学家的思考已经使它重新流行起来了，尽管它的形式已经有了重大改变，以致这种旧理论不过是在名义上仍然继续存活着。[②] 自然的法律不再被理解为某种固定不变
132 且永恒存在的东西了。它并不超出人的或实在的法律。当其他的法律渊源都枯竭之际，它就是制定人法或实在法的材料。[③] “现代法律哲学与自然法哲学的相接点就在于两者都寻求成为正义的科学。但是现代法律哲学在一个根本点上背离了自然法哲学，这就是后者要在实在法之外寻求一种正义的、自然的法律，新的法律哲学则渴求在或从实在法——现有的和那些将成为实在法的法律——之中演绎出公正的因素并将之固定下来。自然法学派寻求一种绝对的、理想的法律，‘自然的法律’，那种 κατ’ἐξοχῆν 的法
133 律，在它旁边才是实在法，且只具有第二等的重要性；而现代法律哲学则承认世界上只有**一个**法律，即实在法，但是它又寻求实在法的理想的一面，寻求实在法的不朽理念。”[④]是否要维护自然法这一术语的精确性？是否由于这一术语，那些法官有义务服从的理

① 参见，Ritchie，*Natural Rights*。

② Pound，*Harvard L. R.*，第 25 卷，第 162 页；Charmont，*La Renaissance du droit naturel*，随处可见；译文还载于，*Modern Legal Philosophy Series*，第 7 卷，第 106、111 页；Demogue，“Analysis of Fundamental Notions，”*Modern Legal Philosophy Series*，第 7 卷，第 373 页，第 212 节；Laski，*Authority in the Modern State*，第 64 页。

③ Vander Eychen，前引著作，第 401 页。

④ Berolzheimer，*System der Rechts und Wirthshaftsphilosophie*，第 2 卷，第 27 页，引自 Pound，“Scope and Purpose of Sociological Jurisprudence，”*Harvard L. R.*，第 24 卷，第 607 页；又请看 Isaacs，“The Schools of Jurisprudence，”*Harvard L. R.*，第 31 卷，第 373、389 页；以及关于中世纪的观点，请看 Maitland，*Gierke*，*Political Theories of the Middle Age*，第 75、84、93、173 页。

性和良知的命令，在法官将之体现在一个判决之中并给予它们以
法律的认可之前就获得了法律的名义？这些我都不关心。[①] 如果
我们和奥斯丁、霍兰德、格雷以及其他许多人一样都说，在此之前，
它们都只不过是一些道德戒律，我不会有什么不安。对这样一些
语词上的争执，我并没有很大的兴趣。真正有关的倒是这一点，即
法官有义务在他的创新权的限度之内、在法律与道德之间、在法律
的戒律与那些理性和良知的戒律之间保持一种关系。我认为，在 134
一定意义上，确实从来也没有人怀疑过法官有这种义务。[②] 然而，
有人有时感到分析法学的学者搅浑了这一点，这些学者过分强调
定义在语词上的某些精微之处，而相应地牺牲了对一些更深刻也
更精致的实体——目的、目标和功能——的强调。不断坚持说道
德和正义不是法律，这趋于使人们滋生对法律的不信任和蔑视，把
法律视为一种不仅与道德和正义相异而且是敌对的东西。如果德
国的"自然法"的新发展为我们引入了一些新的、恰当的方法和理
想，那么也许可以宽恕其用语不当。但我们并不需要这种毫无结
果的词义之争——细致地讨论法律与正义的差别而忘记了它们之
间更深层面上的和谐。我们更需要的是法国《民法典》的紧急号 135
角：[③]"法官借口法无规定或法律不明确、不完备而拒绝予以判决，
应受到拒绝审判罪的追诉"。[④] "我们法院的职能就是，"一位尖锐

① Holland, *Jurisprudence*，第 54 页。

② Gray，前引著作，第 286 页，第 644、645 节。

③ 第 4 条；Gray，前引著作，第 642 节；Gény，前引著作，第 2 卷，第 75 页，第 155 节；Gnaeus Flavius, *Der Kampf um die Rechtswissenschaft*，第 14 页。

④ 书中引文为法文，原注为英译。——中译者

的批评者说，“通过对法律原则的不断重述并赋予它们不间断的、新的内容来使它们与道德习俗保持同步。这就是司法性的立法，并且，是由法官自己承担风险的立法。尽管如此，却正是这种立法的必要性和义务才赋予了司法职务以最高的荣誉；并且，也没有哪个勇敢且诚实的法官会推卸这一义务或畏惧这一风险。”①

你们也许会说，这个世界上并没有什么东西保证法官会比其他人对他们时代的道德习俗的解释更为明智和更为真实。我并不打算否认这一点，但是，在我看来，这话又说得很不在点子上。这里的要点更多在于人们必须将这一解释的权力放置在什么地方，
136 而政制的习惯又已经将之放在法官的手中。如果法官要完成他们作为法官的职能，那么这种权力就很难放在其他地方。确实，法官的结论必须不断受到检验和再检验，修改和再调整；但是，如果他们是按照良知和智力行动的，他们就应当在他们的结论中达到一种相当不错的一般的真实和明智。承认法官有权力和义务按照习惯性道德来影响法律，这远不是要毁灭所有的规则，并在每个个案中以个人的正义感、以善良人的评断（*arbitriium boni viri*）来作为替代。② 那种做法也许会导致一种仁爱的专制，如果这些法官是些仁爱者的话；但是，这就将会导致法律约束的终结。然而，即使以比昔日更大的自由来使用社会学的方法也不会使我们导致这样的灾变。法律这一有机体的形式和结构都是固定的，其中细胞的运动并不改变总体的比例；与来自各方的限制法官的规则之数量

① Arthur L. Corbin，*Yale L. J.*，第 29 卷，第 771 页。

② 参见，Standard Chemical Corp. v. Waugh Corp.，231 N. Y. 51，55。

和压力相比，任何法官创新的权力都无足轻重。但是，法官在某种 137
程度上必须创新，因为一旦出现了一些新条件，就必须有一些新的规则。社会学的方法所要求的一切就是，法官将在这一狭窄的选择范围内来寻求社会正义。在法律的历史上，曾经有过一些阶段，法律所需要的方法并不很具有心理学的特点。昔日曾有过对真相的量化检验，在其兴盛之际，它也并非不能服务于社会的需求。[①]但它们的年代已经过去很久了。现代法律思想已转而求诸于自身，转而对司法过程进行内省式的严格审查，这也许已经为我们提供了一个新的阶段和一个新的着重点。但是，事实上，它的方法并不新。这就是那些伟大的衡平法法官的方法，他们通过不断地诉诸正当理性和良知之学说，建立了衡平法体系，同时并没有牺牲法律的一致性和确定性。这就是普通法得以在那些伟大的普通法大 138
师手中不断获得新生的方法，这就是曼斯菲尔德和马歇尔的方法，就是肯特和霍姆斯的方法。

确实，曾经并且在我们自己的时代都有过一些运动，即要用这种个人对法律以及道德中的正义直觉作为正确与错误的唯一标准。用热尼的话来说，就是我们是应邀来建立一个最糟时的“司法上的无政府主义”体制或最佳时的“司法上的印象主义”体制。[②]不久前，这种实验或至少是近似的东西就在法国试行过。在我们

① Flavius，*Der Kampf um die Rechtswissenschaft*，第 48、49 页；Ehrlich，*Die Juristische Logik*，第 291、292 页。

② Gény，前引著作，1919 年版，第 2 卷，第 288 页，第 196 节；第 305 页，第 200 节。

自己的法院批评家中也有一些倡导类似信条的人。[①] 热尼1919
139 年发表的辉煌著作的最新版《后记》中有一章讨论的主题就是这一
在法国以“马格劳德现象”而为人们所知晓的实验。[②] 在1889至
1904年之间，沙托-蒂埃里的一审法院，在其院长马格劳德的领导
下，发起了一个对现存法律秩序的造反。该法院的成员以好法
官——“令人满意的法官”(*le bon sjuges*)——而为人们所知晓。
他们看起来是在每个案件中都自我发问，一个善良之人在这些法
官所面临的情况下会希望怎样做，并据此提交他们的判决；而这样
做有时在外观上就与制定法不一致。他们的工作究竟怎样，我不
敢说有第一手的了解；但是，热尼谴责了这种做法，他并且说，这一
运动已经面临穷途末路。这样的印象主义不论可能有什么样的优
点和缺点，它都不是我们所了解的我们普通法的司法过程。[③] 我
们的法律紧紧抓住康德的绝对命令(categorical imperative)，“依
据你可能希望其成为普世之律法的准则而行动”；它拒绝为比较狭
隘、比较小的善而牺牲更大、更具包容性的善。一个契约制定下来
140 了，履行起来很麻烦并且也许很压抑人。如果我们仅仅打算考察
个别情况，我们也许会很容易就放这位承诺者一码。但是，我们超
越了这一特殊而看到了普遍，并且以服从“契约应当履行”这一社
会的根本利益来制作我们的判决。一种做法是用个人的正义情感

---

① Bruce, “Juricial Buncombe in North Dakota and Other States,” *Central L. J.*, 第88卷，第136页；Robinson法官的回应，同前，第88卷，第155页；“Rule and Discretion in the Administration of Justice,” *Harvard L. R.*, 第33卷，第792页。

② Gény，前引著作，1919年版，第2卷，第287页，第196节以下。

③ Salmond, *Jurisprudence*, 第19、20页。

作为法律的替代，另一种做法是用它作为解释或扩展法律时的检验标准和试金石之一，这两种做法之间有一条鸿沟。我认为，1907年《瑞士民法典》的第一条就很好地表述了一个现代法官应当为自己的工作所确立的音调；并且围绕着这一条，已经发表有大量的法律评论。这一瑞士法典规定说，“本制定法统管属于本法任何一条法令的文字或精神之内的所有事务。在缺乏可适用的法条时，法官应依据习惯法，并且在缺乏习惯时依据若法官是立法者将会制定的规则来宣告判决。然而，法官应从得到学者的学说和法院的法理——学说和法理[*]——验证并受到尊重的解决办法中汲取自 141
己的启示。”[1]这最后一句戒令，就是“马格劳德现象”与依法进行司法之间的根本差别。即使法官是自由的时候，他也仍然不是完全自由。他不得随意创新。他不是一位随意漫游、追逐他自己的美善理想的游侠。他应从一些经过考验并受到尊重的原则中汲取他的启示。他不得屈从于容易激动的情感，屈从于含混不清且未加规制的仁爱之心。他应当运用一种以传统为知识根据的裁量，以类比为方法，受到制度的纪律约束，并服从“社会生活中对秩序的基本需要”。[2] 在所有的良知之中，那里还留下了一个相当宽阔的裁量领域。

---

* 原文是法文。——译者

① Gény，前引著作，第2卷，第213页；又请看，Perick，“The Swiss Code，” *Continental Legal History Series*，第11卷，第238页，第5节。

② Gény，前引著作，第2卷，第303页，第200节。

142 第四讲　遵循先例。司法过程中的下意识因素。结语。

当先例和习惯都失败了或不合用的时候，如果自然法——在我前面使用这个术语的意义上——没有为法官提供判决的主要规则，这个通过司法过程——在决定宣告之前为完成的交易提供规则——来制定法律的体制，就其难度和压制性来说，确实是令人无法忍受的。默认这样一种方法的基础在于这样的信仰，即当法律留下了不为任何先前的既成规则所涵盖的情况时，法律是无能为力的，而只能由一些无偏私的仲裁者来宣告什么是那些公道的、讲情理的并对该社区的生活习惯以及人们之中流行的正义和公平交
143 易的标准烂熟于心的人在这种情况下应当做的；这时，除了那些规制他们行为的习惯和良知外，并无规则。人们的感觉是，如果决定中体现的规则事先就依据制定法加以宣告，那么十次中至少有九次，思想正常者的行为都不会与体现在该决定中的规则有什么不同。在少数人们认为无知因素在其中起了作用的案件中，会对一方有影响，同样也会对另一方有影响；并且由于一个争议已经发生并且必须作出某种决断，如果没有已经制定的规则的话，那么，人们能做的就只是构建一个在事件发生后制定的权威性的决断。必然会有某个人是输家；这就是生活游戏的一部分；我们必定要以无

数的方式为没有先见之明而付出代价。无疑，如果可以有一个理
想的体制，那么它就将是既非常灵活同时又非常细致的一部法典，
并因此可以事先为每一种可以想见的境况提供公正且恰当的规
则。但是生活太复杂了，以至于在人的能力范围之内不可能实现
这一理想。我们必须承认这样一个真理，热尼说，[①]即，导致一部 144
制定法的那个意志（*la volonté*）“只是延展覆盖了一个由一些具体
事实组成的、非常狭窄且非常有限的领地。一部制定法几乎总是
只看到某个单独的点。所有的历史都例证了，只是在一个确定的
弊端已经发生、过分的弊端已最终唤起了公众的情感的时候，立法
才进行干预。当立法者施加法律时，立法是要结束诸如此类确定
得非常清楚的事实，而正是这些事实激起了立法者的决断。而要
实现他的目标，立法者认为，比较妥当的是沿着一般的观点和抽象
的公式这一路径前进，在他心目中，他所宣告的原则所具有的价值
仅仅存在于一些措施中，他可以用这些措施来摧毁他有责任努力
摧毁的邪恶，并且可以用于通常由这些邪恶造成的类似条件。至
于对将从这些原则中演绎出来的其他逻辑推断，这位立法者并不
怀疑；如果当时就有预见，他会毫不迟疑地废除其中的某些、甚至
是很多逻辑推断。在将这些推断神圣化之际，无人可以声称自己
是在遵循立法者的意志还是在借用立法者的判断。因此，一个法 145
官所做的一切就是提出一条原则，并由此就提出了一个创造该原
则的孤立且独立的意志，将之转化成为一个新的实在，这个实在反
过来又自我发展，赋予这一原则以独立的生命，而不考虑、并且更

① 参见，Gény，前引著作，序，第 xvi 页。

多的时候是不顾立法者的意志如何”。这些都是一位法国法学家就一个基于一部法典的法律体制写作时所说的话。在这样一个体制中有一些不可避免的空白，在一个通过诉讼人的争议而杂乱建立起来的判例法体制中，这些空白至少在同等程度上也必定不可避免。[①] 在各个体制中，由于活动的规则被推迟到活动结束之后才出现，一定不时会出现困难。这就是人类智力有限的一个后果，是对立法者和法官有无限预见力的一个否定。但是，如同我说过
146 的，实际情况是，即使当时对法律无知，也很少会出现由无知决定
行为的情况。最常见情况的是，为某事发生的纠纷，不论怎样，它都会发生。一辆车造出来了，轮子有瑕疵；这里的问题就是，除了买主之外，制造商是否还对其他的任何人负有商品检查的义务。[②] 该车乘客因为这个瑕疵而受了伤，他向法院提出了一种观点，而制造商提出了另一种观点。但是，不论是哪一方获胜，都不大可能有这样的情况，即如果他们事先知道这个规则行为就会不同。该制造商并没有自言自语说，“我才不检查这些轮子呢，因为这不是我的义务。”人们公认，制造商至少对直接买主负有这个义务。不管怎样，过错已经铸下了。现在的问题就是在多大程度上应得出令过错者不快的后果。

因此，我说，在绝大多数案件中，可以感到法官制定的法律具有溯及既往的效力，它或者并不涉及难题，或者涉及在没有公开宣
147 布的规则时不可避免的那些难题。我想，很重要的是，当感到这种

① Pollack, *Essays in Jurisprudence and Ethics*; *The Science of Case Law*, 第 241 页。

② MacPherson v. Buick Motor Co., 217 N. Y. 382.

困难太大或者是不必要时，就要停止溯及既往的做法。我们可以举出这样一些例子，一个终审法院宣布某制定法无效，并随后又自我修正，宣告该制定法有效。在这期间的交易一直受到第一个决定的支配。如果这个决定被推翻，人们会怎么谈论这些交易呢？多数具有现实主义的法院都会认为在这期间该制定法被悬置了。[①]也许，人们很难将这样一个判决与一些抽象的教条和定义保持一致。当一个法院所做的许多事都带有溯及既往的力量时，为什么在这里要画一道界线？我想答案是，界线画在这里是因为拒绝画线的不正义和压迫性太大，令人无法容忍。我们将不能帮 148
助这个信任某些下级法院的判决的人摆脱疑惑。[②]在他的案件中，人们感到这种算计错误的机遇是生活游戏的一个正当风险，这种风险与任何其他误解权利或义务的风险在程度上并没有什么不同。他知道自己已经碰了运气，他如果小心谨慎就常常会回避这种碰运气。人们可以感到，这个终审法院的判决所赖以立足的基础是不同的。是否可以在一个变更某制定法之合法性的判决与一个变更某制定法规则的含义或运作、[③]或变更某普通法规则的含义或运作[④]的判决之间画出任何一条足够充分的区别线，我并不

---

① Harris v. Jex，55 N. Y. 421；Gelpcke v. Dubuque，1 Wall. 125；Holmes，J.，in Kuhn v. Fairmount Coal Co.，215 U. S. 349，371，*Harvard L. R.*，第 29 卷，第 80、103 页；Danchey Co. v. Farmy，105 Misc. 470；Freeman，"Retroactive Operation of Decisions，"*Columbia L. R.*，第 18 卷，第 230 页；Gray，同前，第 547、548 页；Carpenter，"Court Decisions and the Common Law，" *Columbia L. R.*，第 17 卷，第 593 页。

② Evans v. Supreme Council，223 N. Y. 497，503.

③ Douglass v. County of Pike，101 U S. 677.

④ 参见，Wigmore，"The Judicial Function，"*Modern Legal Philosophy Series*，第 9 卷，序，第 xxxvii，xxxviii 页。

清楚。我并不打算说，某一天这条界线会在什么地方确定下来。然而，我可以肯定，不论这条线画在什么地方，支配其位置的都不
149 是对法官制定法律之性质的某些形而上的理解，也不是对某些不可变更的信条——诸如政府权力之划分[①]——的崇拜，而是对便利、对效用以及对最深层的正义情感的考虑。

近来有相当多的讨论，讨论是否应当完全抛弃遵循先例的规则。[②] 我自己还不愿走得那么远。我认为，遵循先例应当成为规则，而不是一种例外。我在前面已经讨论了支持这一点的某些考虑因素。在此可以添加的是，如果每个昔日的案件都可以重新开庭，如果一个人不能在前人铺设的进程的坚实基础之上为自己的进程添砖加瓦，法官的劳动就会大大增加，以致无法承受。也许我自己的法院的构成就趋向于强调这一信念。我们法院已经有了十位法官，其中一度只有七位法官听审。当争议难分高下时，一个案
150 件这星期可能这样决定，而下个星期——如果还是第一次听审——就会作出另一种决定，这种情况曾一次又一次的发生。然而，如果每周法院组成的变化都伴随了法院判决的变化，这种情况就令人无法忍受。在这种情况下，我们就只能坚持一周前我们的法官兄弟的错误，而不论我们自己是否喜欢这些错误。但是，我也准备承认，尽管不应当放弃遵循先例规则，在某种程度上却应当放

① Laski, *Authority in the Modern State*, 第 70、71 页; Green, "Separation of Governmental Power," *Yale L. J.*, 第 29 卷, 第 371 页。

② "Rule and Discretion in the Administration of Justice," *Harvard L. R.*, 第 33 卷, 第 972 页; *Yale L. J.*, 第 29 卷, 第 909 页; *Harvard L. R.*, 第 34 卷, 第 74 页; *Modern Legal Philosophy Series*, 第 9 卷, 序, 第 xxxvi 页。

松这一规则。我认为，只要是经过恰当的经验检验之后发现一个法律规则与正义感不一致或者是与社会福利不一致，就应较少迟疑地公开宣布这一点并完全放弃该规则。在宪法领域里，我们有时已不得不这样做了。[①] 也许，在一些对社会效用的考虑并不非常突出和显要的私法领域，我们应当更为经常地这样做。如果一个应当抛弃的规则不可能被合乎情理地认为会决定诉讼者的行 151
为，特别是，如果该规则的来源是某些机构或条件，而这些机构和条件已经随时光的流逝获得了新的意义和发展，那么就更应准备放弃一个并不坚实的立场。在这种情况下，维勒法官在德威诉康涅狄格公司(Dwy v. Connecticut Co. ,89 Conn. 74,99)一案中说的话表述了应如何处理这种问题的基调："服务法律最佳的法院是这样的，它承认人们也许会发现产生于遥远的某代人的法律规则——就其全部经历来说——为另一代人的服务很糟糕，并且只要是它依据社会的既定和稳定的判决发现另一法律规则代表了'应当'，且没有相当程度的既得财产权利依赖这一旧规则，就抛弃这一旧规则。正是这样，一些伟大的普通法作者找到了普通法生长的渊源和方法，并且在其生长中发现了普通法的健康和生命。 152
普通法不是、而且也不应当是稳固不变的。立法机关也不应当改变普通法的这一特点。"如果法官已不幸错误地解释了他们时代的习俗，或者，如果他们时代的习俗已不再为我们的时代所分享，法官就不应被捆在其先辈的手上，无所作为地表示屈从。

让我提出一两个例子来进一步说明我的意思。这些例子只是

① Klein v. Maravelas,219 N. Y. 383.

尝试性的，我并不保证它们很恰当，但是，它们会很有帮助。事例也许会被拒弃，但原则会保留下来。

普通法上的一个规则是，如果主债务人和债权人之间在没有获得担保人同意的情况下以合同方式将支付时间延期了，那么担保人的责任就解除了。即使仅仅延长一天也足以产生这样的结果。[①] 如果没有这样的延期，担保人在债的期限成熟之际就有特
153 权向债权人给予支付，并要求直接替代债权人向主债务人提出赔偿请求。因此，如果由于推延了支付日期，这种权利被推迟了，人们说，必须认为担保人受到了损害。我不怀疑这一规则也许可以公正地适用，只要担保人可以显示：这种延期导致了实在的损害——由于主债务人在这期间变得无力支付或者担保物的价值受到了损害，尽管即使在有延期的情况下，按照公正原则，免除程度也应当根据受损害程度来决定。也许公正的做法是，任何时候，只要担保人已经清偿了债务并要求从债务人那里取得赔偿金，就允许担保人免责。也许，否证存在损害的责任应当由债权人来承担。但是，至今还没有承认这样一些限制。这一普通法规则适用于那些无论是清偿还是实际损害都不成立或无人声称成立的案件。普
154 通法是依据这样一个虚构的假定制作其判决的，即一个担保人可能因担心哪一天要求他清偿而整夜整夜地无法入睡，而他实际上一直想着如何向一个难于对付或反复无常的债权人强制完成一个令对方讨厌的支付并为这种被压抑的欲望而坐卧不宁。这个延长期已经过去；这位担保人什么也没干，甚至没有不怕麻烦地问一

---

① N. Y. Life Ins. Co. v. Casey, 178 N. Y. 381.

声；但他被法律认定免责了，理由是，如果不是由于这一他完全不知道且他的行为完全不能控制的延期，他就会自愿来清偿这一债务。这样的规则是当年商业交易比较简单时的残留物，那时人们还不知道什么是担保公司，那时的担保人通常还是慷慨的朋友，而朋友的这种信任又被滥用了，而且，那时法院的主要努力似乎一直是要找到某些言之成理的借口来使担保人得以从他们的麻烦中解
脱出来。在近期的一些决定中，我已经看到某些迹象，一些决定的 155
精神发生了变化。[①] 我认为，我们完全可以问问我们自己，法院是否有义务再进一步，并将这一部门法置于一个与现实的商业经验和生活道德更为一致的基础之上。

普通法的另一个规则是，一个口头协议，尽管是在正式合同之后制定的，却无法改变或撤销一个封了印的正式合同。[②] 在印玺很为人们看重的年代，承认印玺的神秘庄严，也许有某些理由。但是，在我们这个年代，潦草的签名缩写“L. S.”已经取代了这种印章的设置；而法律还保留着这样一个逝去的时代的成规，法律是意识到其自身的荒谬性的。[③] 法官们已经作出了有价值的——如果是不惹人注目的话——努力，以一些例外来破坏这一规则，并以一些区分使这一规则化成一个幻影，他们只是在口头上重视这一规则。[④] 一个新近的案例表明，只是由于胆怯，而不是出于遵从，才

① Wilkinson v. McKemmie, 229 U. S. 590, 593; U. S. v. McMullen, 222 U. S. 460, 468; Richardson v. County of Steuben, 226 N. Y. 13; Assets Realization Co. v. Roth, 226 N. Y. 370.

② McCreery v. Day, 119 N. Y. 1; 3 Williston, *On Contracts*，第 1835、1836 节。

③ Harris v. Shorall, 230 N. Y. 343.

④ McCreery v. Day，同上；Thomson v. Poor, 147 N. Y. 402.

推迟了瓦解这一规则的时日。[1] 普通法将有理由对那位对这一规
156 则给予最后致命一击的人表示谢意。

我已经从实体法领域内摄取了一些例证。证据法以及一般说来整个程序问题也都提供了这样一些领域，在那里甚至可以以更大的自由来作出恰当的变更。当有争议的是有关赔偿的法律问题时，要求在涉及实质性权利时遵循即成规则，这一政策考虑因素的适用效力已经削减。让我从证据法中举一个例证。一个男子被指控强奸，他的辩解是这位女子曾表示同意。他可以证明该女子在贞节问题上名誉不佳，而不可以证明她与其他某个男子或一些男子之间的具体的，尽管是反复多次的，不贞节行为。[2] 在估定这位男子的辩解是否真实时，对任何有头脑的事实审理者来说，这都是最想知道的事，但一条不可动摇的规则认定必须将之排除在陪审
157 团的考虑因素之外。即使这位女子自己赞同，对这位被告也无太多帮助，因为尽管他此后可以就其他事实对她进行反诘，但最终决定他的命运的是这位女子的回答。毫无疑问，一位法官在认可这类证据时应当行使一定的裁量权，如果证据太间接，就应当排除，并且应当迅速果断（允许继续进行，或者——否则的话——减轻因突然袭击造成的任何难题）。目前的规则的结果却不是这样。证据被完全排除并且总是被排除。事实上，某些法院已经采取了一种不同观点，但是不幸的是，其数量很少。在这里，就如同在许多证据法的分支中，我们看到的是过分夸张地依赖一般名誉作为确

---

① Harris v. Shorall，同上。

② People v. Carey，223 N. Y. 519.

定诉讼人或证人品性的标准。这种确信也是先前较为简单的时代的残迹。当年，人们生活在很小的社区内，这种确信是有道理的。也许，今天在一些乡村地区，它也还有某些道理。但在一些大城市的生活中，这种品性证据就成了一种笑话。在这里，就如同在有关
程序法的其他许多分支中一样，一种现实主义精神应当在目前的 158
规则和目前的需要之间带来一种和谐。

尽管如此，遵循先例的规则在美国的适用并不像在英国那样僵硬，而且，在我看来，即使在美国这种僵硬也正在消减。英国的贵族院认定自己绝对为其先前的决定所约束，[①]而美国联邦最高法院和几个州的最高法院在发现自己先前的一些决定明显有错时，就曾经推翻这些决定。[②] 波洛克在四十多年前写过一篇题为《案例法的科学》的文章，文中在谈到这样做的自由时似乎认为，法律只是一个个人看法的问题。[③] 自那以后，如果有什么变化，那就
是这种趋势已经增加了。从联邦法院的一个新近决定中就可以发 159
现这样一个极端的例证。[④] 原告对一个汽车制造商提出诉讼，称由于汽车有毛病造成了人身伤害，并要求获得损害赔偿。在第一次审判中，他起先获得了这样的判决。但联邦第二巡回区上诉法院推翻了这一判决。理由是这位制造商对原告——该车的乘坐

① Gray，同前，第 462 节；Salmond，*Jurisprudence*，第 164 页，第 64 节；Pound，"Juristic Science and the Law，"*Harvard L. R.*，第 31 卷，第 1053 页；London Street Tramways Co. v. London County Council，1898 A. C. 375，379。

② Pollock，*First Book of Jurisprudence*，第 319、320 页；Gray，"Judicial Precedents，"*Harvard L. R.*，第 9 卷，第 27、40 页。

③ *Essays in Jurisprudence and Ethics*，第 245 页。

④ Johnson v. Cadillac Motor Co.，261 Fed. Rep. 878.

者——不存在义务；因为后者不是该车的原始购买者，而是从其他人那里买的车。[①] 在第二次审判中，为服从这一规则，法官对原告的诉讼请求不予受理；错判再审令将这一案件再次提交了同一上诉法院。就在这期间，纽约州的上诉法院在另一针对汽车制造商的诉讼中判定，尽管不存在默契合同，却还是存在这样的义务。[②] 该联邦上诉法院沿袭了这一决定，否决了自己先前的判决，推翻了
160 当初为服从该上诉法院决定的要求而作出的不予受理的判决。此案中，判决第一次被推翻是因为初审法院不曾对原告诉求不予受理，而判决第二次被推翻却是因为对原告的诉求未曾受理，而证据却是同样的；司法过程的性质究竟如何，此案被告可能有一些他自己的看法。我并不打算谈论，在这样的条件下，对遵循先例规则的背离是否正当。在该案中，一个持异议的法官主张这样一种观点，即先前的决定应当作为此案的法律来适用而不论它正确与否，就如同已决案件的一些原则一样。而该法院的多数法官的结论——无论其正确与否——却是一个很有意思的证据，它们显示出使先例从属于正义这样一种精神和趋势。如何将这种正在生长的、并在主流上是有益的趋势同法律所要求的一致性和确定性的要求加以协调，这就是我们时代的律师和法官所面临的重大问题之一。在此，我们将不得不如同在其他法律领域一样，试探我们的道路，在崇拜昔日和赞美当今之间的什么地方，我们可能会找到一条安全的道路。

① 221 Fed. Rep. 801.

② MacPherson v. Buick Motor Co. ,217 N. Y. 382.

我认为，我们对一些司法方法的评述给我们上了这样一课， 161
即法理学的全部题材要比我们当中大多数人在未进行这类分析时所习惯于相信的更具有弹性，更具有可塑性，其模子并不那么确定，其正确与错误的边界也并不那么预先固定和恒定。我们喜欢将自己看成是身处一个精确绘制和标点了的法律园地。我们勾勒出了一些小小界线，我们如果不使之模糊起来，它们就很难渐渐消失。这就如同区分时间和空间一样，这些区分只是一些用来操作的假设命题，是为了便利而采用的。现在我们正趋于越来越理解这样一个真理，即说到底，只有很少的规则；而主要是有一些标准和程度。我是否有过失，这就是一个程度的问题。我在使用自己的土地时，是否造成了一种也许是由我的邻居消除的轻微损害，这也是一个程度的问题。一个法律，它夺取了我的财产并限制了我
的行动，这是否不当地损害了我的自由，这还是一个程度问题。因 162
此，法官的义务本身也就成了一个程度的问题，他是一个有用的法官还是一个糟糕的法官就看他对措施的估测精确不精确。他必须将他所拥有的成分，他的哲学、他的逻辑、他的类比、他的历史、他的习惯、他的权利感以及所有其他成分加以平衡，在这里加一点，在那里减一点，他必须尽可能明智地决定哪种因素将起决定性作用。如果这些概括看起来很孱弱而且缺乏结论性，我不知道这毛病是否在于我。我知道他是一个聪明的药剂师，因为根据一个非常一般化的药方，他就可以混合制作出一种恰当的药物。但是，许多人试图提出一些原则来规制某种艺术实践；对于这种努力，也许可以提出批评。W.杰思罗·布朗在新近的《法律与进化》[①]这篇

① *Yale L. J.*，第29卷，第394、397页。

论文中提醒我们:“乔舒亚·雷诺兹爵士关于绘画的著作为那些希望成为著名画家的人们提出了很少的或者是没有提出指南。就作为一个规则来说,那些关于艺术风格的著作都以缺乏实际效用而闻名。”在这些令人厌烦的分析过程结束之后,对于每个法官来说,
163 都一定要有一个新的综合,而这将不得不由他本人亲自完成。他可以希望得到的最多也只是在长时间的思考和研究之后,在多年的律师或法官的实践之后,以及在任何行当的人的内心中不时出现的情理的辅助之下,这种分析也许会有些许的帮助,从而使这种综合成为一个真正的综合。

我已经说过了,对于那些争议的中心并非法律规则而只是对事实如何适用法律规则的案件来说,我倾心关注的——也许过分了——是其背景和阴影。毕竟,是这些案件构成了法院的大部分事务。对与此有关的诉讼人来说,它们很重要。这些案件要求那些必须对此作出决定的法官有智识、有耐心并且有通情达理的辨析。但是这些案件并没有动摇先前确立的法理。这一司法过程,当运用于这类案件时,如同我在这些讲演一开始时就说过的,是一
164 个搜索和比较的过程,而几乎没有其他什么。我们必须区分那些仅仅是静态的先例和那些流变的先例。[①] 因为前者在数量上要超过后者好几倍,一张几乎仅仅关心创造性因素或流变因素的司法过程的草图有可能给人留下法律不确定和法官自由裁量的错误印象,留下一张色彩太重的图画。在我担任法官的法庭上出现的案件中,由于大多数理由相似,因此,我认为不可能以任何其他方式,

① 参见,Salmond,*Jurisprudence*,第 160 页。

而只能以一种方式决定。在那里，法律和法律适用都同样的简单明了。可以说，这些案件的命运事先就定下来了而无需司法意见。在另一些其比例不可轻视的案件中，法律的规则也是确定的，只是规则的适用令人怀疑。你必须分解复杂的记录，必须分析那些或多或少不融贯且难以理解的证人证言，根据正确与错误的航图来决定某个既定情境是属于这一区域还是属于另一区域。如果知道自己路途上有铁路横穿，一个旅行者就必须看看有没有疾驰而来的火车。这至少也是个一般规则。在无数的诉讼中，你必须研究 165
所描述的全景，看一看是否视线被挡住了，是否做了或省略了什么事使这位旅行者失去了警惕。当然，这些案件以及其他一些类似的案件常常在法官当中引发不同的意见。然而，不论结果如何，却未触动法理。最后，还剩下有一定比例的案件，事实上这种案件数量并不多，然而也并非少得可以忽略不计，这些案件的决定对未来很有价值，它们将推进或延滞法律的发展，这种影响有时会很大，有时则很小。这些案件就是司法过程中创造性因素发现自己的机遇和力量的案件。在对你们发表的全部演讲中，我自己主要关心的就是这些案件。在某种意义上，它们当中的许多都确实是既可以这样决定也可以那样决定的。我这样说，意思是指同样可以找到言之成理的或相当有说服力的理由来支持这种结论或者另一种结论。在这里，开始起作用的就是对判决的平衡，是对类比、逻辑、 166
效用和公道等考虑因素的检验和分类整理，而这就是我一直在努力描述的。也就是在这里，法官承担起了立法者的职能。在我担任法官的第一年，我发现在我启航远行的大海上没有任何航迹，为此我一直很烦恼，因为我寻找的是确定性。当我发现这种追求徒劳无益的时候，我感到压抑和沮丧。我试图到达陆地，到达有固定且确定规则的坚实的陆地，到达那个正义[*]的乐园，在那里司法将以比它在我迟疑不决的心灵和良知中苍白且微弱的反射更为简单明了且更加威严的方式宣告其自身。我感到要是"和布朗宁的《帕拉塞尔萨斯》中的航海者在一起，真正的天堂就总是在远方。"[1]随着岁月的流逝，随着我越来越多地反思司法过程的性质，我已经变得甘心于这种不确定性了，因为我已经渐渐理解它是不可避免的。我已经渐渐懂得：司法过程的最高境界并不是发现法律，而是创造
167 法律；所有的怀疑和担忧，希望和畏惧都是心灵努力的组成部分，是死亡的折磨和诞生的煎熬的组成部分，在这里面，一些曾经为自己时代服务过的原则死亡了，而一些新的原则诞生了。

我已经讨论了一些因素的力量，法官们公开宣称这些力量有助于形成他们判决的形式和内容。尽管这些力量很少为人们完全意识到，它们却非常接近表层，因此不大可能否认它们的存在和影响。但是，仅仅承认它们的力量并没有穷尽这一题目。在意识的深层还有其他一些力量，喜爱和厌恶、偏好和偏见、本能、情感、习惯和信念的复合体，这一切构成了一个具体的人，而无论这个人是
168 诉讼者还是法官。我希望我也许能有时间和计划来对这一主题进一步进行研究。如果可能，我将能够不仅仅是提醒你们它的存

* 英文中 justice 同时具有司法和正义的含义。在这句话中 justice 分别依语境译作正义和司法。——中译者

① G. Lowes Dickinson, *Religion and Immortality*，第 70 页。

在。[①] 在许多关于这一题目的讨论中，或许毋宁说，在对讨论这一问题的拒绝中，一直都相当缺乏坦诚，似乎一提到法官受制于人所具有的局限性，法官就一定会失去尊严和确信。想把法官提升到一种纯粹理性领域，高于并超越那些令人不安和令人偏斜的力量之约束，我并不怀疑这种对法官的理解是庄严伟大的。尽管如此，如果我对司法过程的分析有任何实实在在的东西的话，那么，它们都不是凭空矗立在这些令人望而生畏且令人难以接近的高峰之巅；如果我们的行为和说话都以为它们是如此，这将无所裨益于追求真理。那些吞没了其他人的伟大潮流和洪流并不会在它们的进程中偏离方向，有意绕开法官。我们喜欢自己想象司法过程是一 169
个冷静客观的和非个人化的过程，想象法律是一种真实的存在，它分散且孤独地居住着，并通过祭司们和法官们的声音说出了他们不得不说出的语词。这是一种客观真理的理想，每个法律体系都趋向这种理想。这是一些伟大的国际法专家和法官曾经述说过的一种理想，似乎是某种可能达到的东西。"一个民族的法官，"孟德斯鸠说，"只不过是宣布法律之语词的喉舌，是无生命的人，他们既不能变动法律的效力也不能修正其严格性。"[②]在奥斯本诉合众国银行(Osborne v. Bank of the United States, 9 Wheat. 738, 866)一案中，马歇尔也这样说：司法部门"在任何案件中都没有自己的意志……行使司法权的目的从来也不是为了赋予法官意志以效力；

① 对这一主题的一个有趣的研究可以在一本自这些讲演写作之后出版的书中发现，见，James Mickel Williams, *The Foundations of Social Science*，第 209 页以下。

② Montesquieu, *Esprit des Lois*, LIV, XI, 第 VI 章，引自 Ehrlich, *Die juristische Logik*，第 101 页；Gény，前引著作，第 76 页；参见，Flavius，同前，第 40 页。

而总是为了赋予立法机关的意志或者——换言之——法律的意志
以效力。”这声音很崇高，说得也很漂亮精细；但是，这从来也不过
是部分的真实。马歇尔自己的法官生涯就是一个明显的例证，它
170 说明了这样一个事实，即这一理想超越了人的感官所能达到的境
地。马歇尔大法官在美国宪制上打下了他自己心灵的印记；我们
的宪法性法律的形式今天之所以如此，就是因为马歇尔在它还仍
然具有弹性和可塑性之际，以自己强烈的信念之烈焰锻铸了它。
持另一极端的是法国法学家萨莱勒斯，在其论著《论法律人格》[①]
中，他说，“一个人在结果一开始时就有了意志，然后他发现了原
则；这就是所有的司法解释的起源。一旦这种解释被接受了，它就
无疑会使自己表现在总体的法律学说之中，但其表现形式却是相
反的。这些因素都被颠倒过来了。似乎这个原则才是起始原因，
人们是从此得出结果，却发现这个结果是演绎得来的。”我不愿将
情况说得那么宽泛。这样一个宽泛命题夸大了自由意志的因素。
它忽视了决定论的因素，而是后者把无限选择的范围限制在狭窄
的限度之内。尽管如此，也正是由于过分强调自由意志，这个命题
171 才为那种不可能实现的客观性理想提供了必需的校正。更接近于
真实并且处在这两个极端之间的是这样一个人的话，他并非法学
家，但他的直觉和感知力却很深厚并且非常出色，这就是大罗斯福
总统 1908 年 12 月在美国国会发表的咨文中的话：[②]“在我们国
家，主要的立法者也许是、并且经常是法官，因为他们是最后的权

① 参见，Flavius，前引著作，第 45、46 页。

② *Congressional Record*，第 43 卷，第 1 部分，第 21 页。

威。在他们每一次解释合同、财产、既得权利、法律的正当过程以及自由之际，他们都必然要将某种社会哲学体系的某些部分带入法律；并且，由于这些解释是根本性的，他们也就是在给所有的法律制定提供指导。法院对经济和社会问题的决定取决于他们的经济哲学和社会哲学；并且，为了我们民族在20世纪的平稳进步，我们应将其中大多数归功于那些坚持20世纪经济哲学和社会哲学的法官们，而不是归功于一种早已陈旧的、其本身就是初级经济条件之产物的哲学。”

我记得，当年这一命题的提出曾引出了暴风雨般的批评。批 172
评家说，这个命题显示出一种对于司法过程的性质的无知。他们
告诉我们说，法官的事务就是发现客观的真理。法官自己小小的
个体性，他的零散且不成体系的些许哲学积累，以及他所有的弱点
和无意识的偏见，都应当放在一边并予以遗忘。人们关心法官对
永恒真实的理解究竟是为了什么？这是不值得记录的。这个世界
所寻求的只是这些永恒真实的本身。我远不是在否认这确实就是
我们所有人都必须努力追求的目标。那些认为自己有神圣义务影
响法律进步的人们在某些关头必须具有一些帕斯卡尔的自我追究
和自我责备的精神。人有很广很大的机遇来表现他的更好的自
我，而正是这种机遇的广大看来伸出了具有诋毁和嘲弄意味的非
难之指。在这些向前发展的伟大运动中，在这种诸多力量的冲撞
之中，我是什么，我的小小人格应当使它们有细微的偏离吗？为什 173
么真理的纯粹之光应当打碎，并应当注入或染上我之存在的任何
因素？这些怀疑和迟疑会不时扰乱一个人。然而，真实的情况是，
所有这些自我提问都产生于一种希望和欲求，即要超越包围我们

的人性的那些局限性。罗斯福他了解人，对这一点没有什么幻想。他并不是在提出一种理想。他也并不是在确定一个目标。他只是在测度一些权力和赖以管理这一种族的权力的耐久性。作为一个法官，我的义务也许是将什么东西——但不是我自己的追求、信念和哲学，而是我的时代的男人和女人的追求、信念和哲学——客观化并使之进入法律。如果我自己投入的同情理解、信仰以及激情是与一个已经过去的时代相一致的话，那么我就很难做好这一点。“在任何司法解释的体制中，我们都永远无法自认为我们已经完全
174 清除了解释者的个人尺度。在这些有关道德的科学中，并不存在任何完全取代主观理性的方法和程序。”[①]如果我们乐意，我们也许可以将法官的任务想象为一个翻译者的工作，他阅读着外部给予他的符号和记号。尽管如此，除非是他们已经完全汲取了他们必须阅读的语言的精神，并且心中充满了爱，我们将不会把这样一个任务交给他们。

因此，对于那种认为法官们应当同情理解他们时代精神的学说，我并无争议。可是，同意这样一种概括并不能使我们在通往真理的路径上走很远。在每个法院，只要有多少法官，就可能有多少种对“时代精神”的估测。在我所了解的法官中，我找不到偏好的或在任何污秽、粗俗或邪恶意义上的偏见的力量的痕迹，哪怕是一丁点。但是，每一天在我心中都生长出一种新的确信：独立于我们
175 的真理和我们内心的真理之间有不可避免的关系。就向我们每个

① Gény，前引著作，第 2 卷，第 93 页，第 159 节；第 2 卷，第 142 页，第 168 节；又请看，Flavius，第 43 页。

人显示出来的时代精神来说，它太经常只是一个群体——因为偶然的出生、教育、职业或同胞这些因素，我们才在这群体中获得了一个位置——的精神。任何心灵的努力或革命都不能完全、也不能在所有时刻推翻这些下意识的忠诚的绝对统治。“我们的信仰和看法，”詹姆斯·哈维·罗宾森说，[①]“就如同我们的行为标准一样，是我们与同胞相处的产品，而不是我们个人经验和我们个人从自己的观察中得出的推论结果，它出现在我们身上是说不清楚的。我们总是不断为我们的非同寻常的‘理性化’　　即为接受我们所属群体的传统强加给我们的那些东西而设计出一些言之成理的论点——能力所误导。我们天性就轻信得令人可怜，并且本能地接受群体的判断。我们容易受暗示的影响，不仅着迷于一群激情洋溢的暴民或者是一个热情澎湃的复兴者，而且我们从来是、并且也总是在倾听百姓那仍然是渺小的声音，总是准备为民众的指教和 176
警告辩护和正当化，并且将这些作为我们自己成熟的推理结果接受下来。”这并不专门是对法官的描写，而是对所有阶级的男人和女人的描写。法官的训练，如果伴随所谓的司法品性，会在某些程度上帮助他从个人的喜好中解放出来，会扩大他下意识忠实——这是正当的——的群体的范围。只要人性还是现在这个样，这些忠诚就永远不会被完全消除。有时，我们也许会感到奇怪，所有这些个性力量的共同作用何以可能得出任何融贯的东西，任何不是混乱且无效的东西。我们夸大差别因素就是在这样一些时刻。最

① “The Still Small Voice of the Herd,” *Political Science Quarterly*，第 32 卷，第 315 页。

后，这里出现了一些东西，它具有一种复合的形状、真相和秩序。有人说，“历史就像数学一样，只得假定各种偏心率或多或少地会
177 相互平衡，因此，最后还是有什么东西保持着恒定。”[1]类似的话对法院的工作也适用，各个法官的古怪个性会相互平衡。某个法官从历史的观点看问题，另一法官从哲学的观点看，而还有一个是从社会效用的观点看；这个法官是形式主义者，而另一个是信仰上的自由主义者；这个法官畏惧变革，而另一个却对现状不满；正是从不同心灵的摩擦中，这里才锻制了某种东西，某种具有恒定性和一致性的东西，并且其平均价值大于它的组成因素。陪审团的工作就与此类似。我的意思并不是说，无论是哪种情况，结果都不会显露出其从一开始就固有的缺陷。这类缺陷就在那里，就如同在每个人类的机构之中一样。由于它们不仅存在而且可以看见，所以我们确信这些缺陷将得到纠正。然而，这个世界并没有保证，当理性体现在宪法或制定法中时，多数人统治就是其完美无缺的表现。因此，当理性体现在法院的判决中时，我们也就不应当对它有太大的期待。潮水会时起时落，错误之砂器终将崩溃瓦解。

178 一个法官的工作，在一种意义上将千古流传，而在另一种意义上又如白驹过隙。那些好的将千古流传，而那些错误的则可以肯定会死去。好的得以保留并成为基础，在其之上将建成新的结构。那坏的将在岁月的实验室中被拒绝并抛弃。就这样，一点又一点，旧学说的基础动摇了。这种蚕食常常是如此地渐进，以至于它们

① Henry Adams, *The Degradation of the Democratic Dogma*，第 291、292 页。

的意义起初是模糊不清的。然而，最终我们发现这一风景线已经
改变了，旧地图必须丢在一旁，必须重新制作平面图。这一过程，
以及伴随它的一切沉默的然而是无法避免的力量，已经为亨德森
先生以独一无二的恰当语言描述了，“当某个信仰系统的信奉者不
断被动与各种影响力发生接触并暴露于与这种信仰不一致的欲求
面前之际，也许就会发生一个无意识的思考过程，通过这个过程，
一种不断增加的敌对性精神倾向也许就会累积起来，强烈地驱动 179
着行为和作出决定，但是它很少会清楚地呈现在意识中。与此同
时，旧的信仰程式会因为习惯的力量保留下来并不断重复，直到某
一天意识到自己的行为、同情以及根本性欲求都变得与其逻辑框
架非常不一致，以至于必须将这一框架抛弃。这时，就开始了建构
一个新信仰并予以理性化的工作。”①

法律的发展经历了许多世纪，总是处于制作之中的就是这种新的信仰，它默默无言但会坚定地抹去我们的错误和偏执。有时，我认为，对自己的错误会造成的长期后果，我们的担心有些过分。这些错误有时也许会造成一些小混乱。但是，它们最终会被修改或纠正，或者是它们的教训被忽略。未来本身会照看好这些问题的。在这个无穷无尽的检验和再检验过程中，有对渣滓的不断扬弃，也有对任何纯粹、合理和精致的东西的不断保留。

先生们，未来属于你们。在一个无尽的过程中，我们应征来完 180

---

① “Foreign Corporations in American Constitutional Law”，第 164 页；参见 Powell，“The Changing Law of Foreign Corporations，” Political Science Quarterly，第 33 卷，第 569 页。

成我们的工作。当我死去并消失很久之后,当我在这一过程中所扮演的小角色被人们遗忘很久之后,你们还将在这里来完成你们的那份工作,并将高举火炬继续向前。我知道,当火炬在你们手中时,那火焰将格外辉煌。

索　　引*

* 索引中的页码采用的是原文书的页码,即本书边码。——编注

M

N

O

P

Q

R

S

T

W

Y

Z

图书在版编目(CIP)数据

司法过程的性质/(美)本杰明·卡多佐著;苏力译.—北京:商务印书馆,2017
(汉译世界学术名著丛书:120年纪念版:珍藏本)
ISBN 978-7-100-14554-1

Ⅰ.①司… Ⅱ.①本… ②苏… Ⅲ.①司法制度—研究—美国 Ⅳ.①D971.26

中国版本图书馆CIP数据核字(2017)第153465号

汉译世界学术名著丛书
(120年纪念版·珍藏本)
司法过程的性质
〔美〕本杰明·卡多佐 著
苏力 译

商 务 印 书 馆 出 版
(北京王府井大街36号 邮政编码100710)
商 务 印 书 馆 发 行
北京市十月印刷有限公司印刷
ISBN 978-7-100-14554-1

2017年12月第1版　　开本710×1000 1/16
2017年12月北京第1次印刷　　印张7¼
定价:40.00元